KB163859

AI의 혁신을 이끄는
데이터 과학자

청소년들의 진로와 직업 탐색을 위한 잡프러포즈 시리즈 70

AI의 혁신을 이끄는

데이터 과학자

김태헌 지음

TALK SHOW

"

가속화되는 기술의 발전과
인간의 생활 양식의 변화는
우리가 알고 있듯이,
인간의 일이 계속될 수 없는 것을
넘어서는 경쟁의 역사에서
어떤 본질적인 특이성 singularity 에
접근하는 모습에 다가가게 한다.

"

- 존 폰 노이만(핵무기 개발에 참여한 수학자) **-**

> "
> 인공지능은 인류에게 작동하고 있는
> 가장 심오한 것 중 하나이다.
> 불이나 전기보다 더 심오하다.
> "

- 순다르 피차이(전 구글 최고경영자) -

C·O·N·T·E·N·T·S

C·O·N·T·E·N·T·S

데이터 과학자 김태헌의 프러포즈

PROPOSE

안녕하세요! 데이터 과학자 김태헌입니다. 아마 '데이터 과학자'라는 직업은 다소 낯설게 느껴질 수도 있어요. 하지만 여러분의 일상 속에 이미 깊숙이 자리 잡고 있는, 매우 흥미로운 직업이랍니다. 오늘은 데이터 과학자라는 직업에 대해 여러분께 소개하고 싶어 이 편지를 씁니다.

데이터 과학은 단순한 숫자와 코드의 세계가 아니에요. 이는 우리가 살아가는 세상을 이해하고 형태를 변화시킬 수 있는 강력한 도구랍니다. 우리는 매일 방대한 양의 데이터를 생성하고 있어요. 이 데이터 속에는 숨겨진 패턴, 이야기, 해답이 담겨 있습니다. 데이터 과학자는 데이터라는 원석을 가공하여 보석처럼 빛나게 만드는 사람이죠. 저의 일은 이 데이터를 수집하고, 이를 분석하여 숨겨진 패턴과 의미를 찾아내는 것이에요. 이 패턴은 비즈니스 전략을 수립하거나, 신제품 개발에 영감을 주고, 때로는 중대한 사회적 문제를 해결하는 데 기여하기도 합니다. 데이터 과학자의 업무는 단순한 분석을 넘어서, 창의적 사고와 끊임없는 호기심이 필요한 예술과도 같습니다.

또한 데이터 과학은 마치 탐정과 같은 면이 있어요. 우리는 데이터라는 단서를 가지고 문제를 해결해나가죠. 예를 들어 소셜 미디어 데이터를 분석하여 사람들이 어떤 주제에 관심을 가지고 있는지, 또는 어떤 제품이 다음 트렌드가 될지 예측할 수 있습니다. 의료 분야에서는 환자의 건강 데이터를 분석하여 질병을 조기에 발견하고, 치료 방법을 개선하는 데 기여하기도 합니다.

데이터 과학자가 되기 위해서는 수학, 통계학, 컴퓨터 과학에 대한 지식이 필요합니다. 하지만 무엇보다 중요한 것은 호기심과 문제 해결에 대한 열정이에요. 데이터 속에 숨겨진 이야기를 발견하고, 그것을 통해 세상을 조금 더 나은 곳으로 만들고 싶은 마음이 바로 데이터 과학자로서의 첫걸음입니다.

여러분도 데이터 과학의 세계에 관심이 있다면, 주저하지 마시고 도전해보세요. Python이나 R 같은 프로그래밍 언어를 배워보고, 간단한 데이터 분석 프로젝트를 시작해보는 것부터 시작할 수 있습니다. 하지만 가장 중요한 것은 '왜'라는 질문을 던지는 것입니다. '왜 이 데이터가 중요한가'와 같은 질문이죠. 데이터 과학은 단순한 숫자의 해석을 넘어선, 깊은 사고와 분석이 필요한 분야이니까요. 그리고 데이터 과학은 여러분이 상상하는 것 이상의 가능성을 제공할 거예요.

데이터 과학은 단순히 미래에 대한 투자가 아니라, 여러분이 만들어갈 미래 그 자체입니다. 여러분의 호기심과 열정이 새로운 가능성을 창조할 수 있어요. 데이터 과학자의 길은 때로 복잡하고 도전적일 수 있지만, 그만큼 큰 보람과 성취감을 느낄 수 있는 매력적인 직업입니다. 저는 여러분 각자가 데이터 과학이라는 놀라운 세계에서 자신만의 이야기를 만들기를 바라며, 여러분의 흥미로운 여정에 함께할 수 있기를 기대합니다.

데이터 과학자 김태헌

첫인사

편 | 토크쇼 편집자

김 | 김태헌 데이터 과학자

편 안녕하세요, 김태헌 데이터 과학자님. 수많은 직업 중에서 가장 미래에 가까운 직업을 가진 데이터 과학자와 인터뷰를 진행하게 되어 기쁩니다. 먼저 자기 소개 부탁드려요.

김 안녕하세요. 저는 데이터 과학자로 일하고 있는 김태헌입니다. 제가 데이터 과학의 세계와 인연을 맺은 지도 10년이 넘었어요. 역사가 깊은 다른 직업에 비해 이 직업이 탄생한 건 얼마 되지 않았지만 이 분야에서 10년이면 짧은 시간이 아니에요. 그래도 여러분에게는 데이터 과학이라는 분야가 낯설게 느껴질 수 있을 거예요.

편 인터뷰를 진행하는 저도 빅데이터 전문가, 인공지능 전문가와 같은 직업은 그래도 꽤 알려져서 알고 있는데, 데이터 과학자는 아직도 낯선 것은 사실이에요. 어떤 일을 하는 직업일까요?

김 10여년 전에도 데이터 과학자라는 개념이 있었고, 미국에서는 점점 떠오르는 직업이기는 했어요. 그래도 데이터 과학의 분야가 하나의 큰 직군이 될 거라고 예상한 사람은 많지 않았던 것 같아요. 이 분야가 처음 나왔을 때는 '빅데이터 전문가'라고 해서 데이터를 다루는 사람들을 두루뭉술하게 표현하기도 했죠. 그런데 그것은 직업의 명칭으로는 적합하지 않아요. 데이터를 다루는데도 기술과 방법에 따라 여러 전문적인 분야로 나누어지거든요. 지금은 데이터 과학이라는 분야가 구축된 것 같아요. 데이터 관련 일을 하는 사람들의 직업도 데이터 엔지니어, 데이터 분석가, 데이터 과학자 등으로 세분화되었어요. 각자의 전문 영역이 있는 거죠.

편 이 직군은 어떻게 생기게 되었을까요?

김 데이터 과학과 인공지능AI이 비즈니스와 기술의 전망으로 주목받기 시작했을 때, 많은 기업들이 이 새로운 기술을 자신들의 사업에 통합하고자 했어요. 하지만 이 분야가 새롭고 전문성을 요구했기 때문에, 기업들은 적합한 인재를 어떻게 찾아야 할지, 그들에게 어떤 역할을 맡겨야 할지에 대해 명확한 방향을 설정하는 데 어려움을 겪었어요. 또한, 이 기술을 효과적으로 활용할 수 있는 전문가가 드물기도 했고요. 시간이 지나면서 기업들은 다양한 시도와 시행착오를 통해 데이터 과학자, 데이터 엔지니어, AI 전문가 등 특정 기술과 능력을 갖춘 인재를 채용하기 시작했죠. 이제는 데이터 과학과 AI가 기업 전략의 핵심 요소로 자리 잡았고, 관련 직군도 점차 안정화되고 성장하면서 기업의 변화와 혁신을 이끌고 있습니다.

편 데이터 과학이 더 발전하면 다른 직업도 생길 수 있겠네요?

김 데이터 과학은 지금도 계속해서 진화하고 있으며, 새로운 기술의 등장은 종종 새로운 직업군을 창출해요. 예를 들어 기계 학습 모델을 운영하고 관리하는 과정에서 MLOps(기계학습 운영) 같은 전문 분야가 등장했어요. 이처럼 데이터 과학 분야는 기존의 데이터 엔지니어, 데이터 분석가, 데이터 과학자와 같은 전통적인 역할을 넘어서 계속해서 세분화되고 있죠. 앞으로 빅데이터, 인공지능, 기계 학습의 발전에 따라 예측하지 못한 새로운 전문직이 생겨날 가능성이 커요. 데이터 과학의 발전은 무궁무진하며, 이는 새로운 직업의 창출뿐만 아니라 기존 직업의 변화도 가져올 거예요.

편 데이터 과학자로서 지금은 어디서 어떤 일을 하시나요?

김 현재는 쿠팡이라는 커머스 기업의 핀테크 조직에서 데이터 사이언스 업무를 하고 있어요. 커머스 기업은 전자상거래(또는 온라인 상거래)를 주요 활동으로 하는 기업을 말해요. 전자상거래는 인터넷을 통해 상품이나 서비스를 거래하는 사업이고, 커머스 기업은 이런 온라인 거래를 주로 수행하는 기업이죠. 대표적인 커머스 기업으로 아마존, 이베이, 알리바바, 제가 일하는 쿠팡 등이 있어요. 핀테크Fintech는 금융·Finance과 기술 Technology을 결합한 단어로 최신 기술을 활용해 금융 서비스를 더 효율적으로 제공하는 분야를 말해요. 저는 안전하고 간편한 결제 시스템을 제공하고 고객 행동 데이터와 판매 기록 등을 분석해 안전한 거래 시스템을 만들어 고객이 믿고 편리하게 쇼핑할 수 있도록 하고 있어요.

편 잡프러포즈의 제안을 받고 어떤 생각으로 수락하셨어요?

김 저는 운이 좋게도 이 분야가 막 생기기 시작할 때 들어왔어요. 이 분야가 하나의 독립된 직업군이 되는 과정에서 어떤 변화가 생겼는지, 어떤 직업으로 세분화 되었는지, 또 사람들의 인식이 어떻게 바뀌게 되었는지도 눈으로 보고 경험하게 되었죠. 다른 사람들보다는 이 분야에 대해 많이 알고 있다고 생각해요. 그래서 책을 내자는 제의를 받았을 때 머릿속에 있는 생각도 좀 정리하고 청소년들에게 이 분야에 대해 알려주고 싶다는 생각으로 수락하게 되었어요. 몇 년 전에 제가 공저로 『AI 소사이어티』라는 책을 냈는데 글을 쓰는 과정에서 정리되는 느낌이 참 좋더라고요. 그리고 저도 아들이 있는데요, 아들에게도 추천할만한 직업이라고 생각해서 나중에 아들과 하고 싶은 이야기를 먼저 해보자는 생각이었죠.

2022 세종도서 교양 부분 우수도서로 선정되고 최인아책방 이달의 도서로 선정된 『AI 소사이어티』

아버지가 아들에게 들려주는 직업 이야기로 생각하고 듣겠습니다. 데이터 과학자라는 직업이 탄생한 것은 얼마 되지 않지만 사회에 큰 영향력을 미치는 직업인 것은 분명한 것 같아요. 그럼 이제 다양한 형태의 수많은 데이터를 목적에 따라 분석하고 활용하는 사람들, 데이터 과학자의 세계로 들어가보겠습니다.

DATA
SCIENTIST

데이터
과학이란

데이터 과학은 무엇인가요

편 데이터 과학은 무엇인가요?

김 데이터 과학Data Science의 분야는 좀 넓은 의미를 가진 것 같아요. 예를 들어 세일즈라고 하면 핵심은 '물건을 판다'는 것이지만 그 형태는 매우 다양해요. 기업 간 전자상거래인 B2B Business To Business가 있고, 기업과 소비자 간 전자상거래인 B2C Business To Consumer 등 전자상거래의 종류도 여러 가지가 있어요. 데이터 과학도 마찬가지인 것 같아요. 대량의 데이터를 여러 방법으로 분석해서 의미를 찾아내서 비즈니스 전략을 세우거나 과학적 연구를 진행하는 게 핵심이에요. 목적에 따라 같은 데이터라도 다르게 분석하고 활용할 수도 있어요. 정리하면 데이터 과학은 데이터로부터 유용한 정보와 인사이트 Insight●를 추출하기 위해 다양한 기술과 방법을 활용하는 학문과 업무 분야를 말해요. 통계학, 수학, 컴퓨터 과학, 비즈니스 분석 등 다양한 학문과 기술을 종합적으로 활용하여 데이터를 이해하고 분석하는 일을 주로 하고 있어요. 분석하는 과정

●인사이트Insight 꿰뚫어 보는 통찰력으로 해석할 수 있어요. 시장을 분석할 때는 고객의 요구와 트렌드를 파악한다는 의미로 쓰여요.

은 여러 단계를 거치는데요. 먼저 해결하려는 문제가 무엇인지 정하고, 그에 따라 어떤 유형의 데이터가 필요한지, 데이터를 어떻게 수집하고 저장할지 알아야 해요. 다음으로 필요한 기술을 사용해 데이터를 실시간 혹은 어떤 주기에 따라 수집하고 가공하고 저장합니다.

데이터는 흔히 보는 엑셀 형식같이 테이블로 되어있는 정형 데이터부터 텍스트, 이미지 같은 비정형 데이터까지 다양한 형태로 있어서 수집한 데이터를 그대로 사용할 수는 없어요. 불안정하거나 오류가 있는 데이터도 있기 때문에 이를 수정하고 정제하는 과정이 필요해요. 이후에는 데이터에서 패턴을 발견하거나 예측 모델을 개발하기 위해 다양한 머신러닝 machine learning 알고리즘을 적용해요. 주어진 데이터로 모델을 훈련시키고, 그 성능을 평가하여 모델을 개선하는 거예요. 모델이 목적에 부합하도록 최적화한 후, 실제 환경에 배포하는 단계가 이어져요. 모델을 실제 시스템에 통합하고 사용자의 상호작용을 관찰하면서 모델의 성능을 향상시키고, 새로운 데이터에 대응하여 지속적으로 개선하죠. 모델이 성공적으로 배포되면, 운영 중인 환경에서의 성능을 지속적으로 모니터링하고, 필요에 따라 모델을 조정하여 변화하는 데이터와 요구사항에 맞게 최신 상태를 유지해요. 마지막으로, 분석 결과나 모

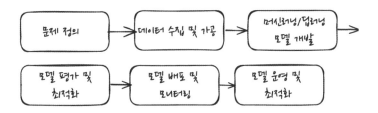

델의 예측을 의사결정자들에게 전달하고, 그들의 피드백을 받아 추가적인 개선을 진행하는 것도 중요한 과정이에요. 이 모든 단계를 통해, 데이터 과학은 기업이나 조직의 문제를 해결하고 가치를 창출하는 데 필수적인 역할을 하게 됩니다.

데이터 과학이라는 분야는
어떻게 탄생하게 되었나요

<편> 데이터 과학이라는 분야는 어떻게 탄생하게 되었나요?

<김> 컴퓨터의 탄생과 함께 데이터의 역사도 시작되었다고 볼 수 있죠. 컴퓨터를 사용할 때마다 데이터가 생성되니까요. 이렇게 생성된 데이터를 저장하기 위한 기술도 컴퓨터의 발달에 발 맞춰서 진화해왔어요. 예를 들어 이제는 거의 사용하지 않지만 자기 테이프나 자기 디스크는 1950년대에 나왔고, 그 다음에는 1970년대에 플로피 디스크가, 1980년대에는 CD-ROM이 등장했죠. 1990년대에는 DVD가 보급되었고, 2000년대에는 USB 드라이브와 SSD가 널리 사용되기 시작했어요. 그리고 요즘에는 클라우드 스토리지가 대세죠. 그런데 말이에요, 1990년대 말부터 2000년대 초에 이르러서는 기존의 데이터 관리 방식으로는 감당하기 힘든 대용량 데이터가 축적되기 시작했어요. 이 문제를 해결하기 위해 데이터베이스 기술이 크게 발전했죠. 일반 사용자들은 USB 드라이브, SSD, 클라우드 스토리지 정도로도 충분하지만, 기업이나 대규모 기관들은 방대한 양의 데이터를 조직적으로 저장하고 관리해야 하니까 데이터베이스 기술이 더욱 중요해진 거예요.

편 엄청나게 쌓이는 데이터를 저장하고 관리하는 것에서부터 데이터 과학이라는 분야의 필요성이 제기되었다는 말씀인가요?

김 맞아요. 단일한 이벤트에 의해 시작된 건 아니고 복합적인 원인이 있어요. 먼저 데이터의 양이 폭발적으로 증가하면서, 단순히 이를 저장하고 관리하는 것을 넘어서 그 안에 숨겨진 가치를 발견하고 활용하는 방법의 필요성이 대두되었죠. 그런데 데이터만 있었다면 이게 불가능했을 거예요. 이론적인 발전, 즉 통계학, 패턴 인식, 머신러닝 같은 데이터 과학의 이론이 성숙해지면서 데이터에서 의미 있는 인사이트를 얻을 수 있는 기반을 마련했고, 컴퓨팅 파워의 대폭적인 향상이 이 모든 것을 실현 가능하게 만들었죠. 그래서 데이터 과학이라는 분야는 단지 데이터를 저장하고 처리하는 것을 넘어서, 이 데이터를 분석하고 모델링하여 복잡한 문제를 해결하고, 새로운 기회를 발견하는 것까지 포함하게 되었습니다. 이 모든 요소가 상호작용하며, 오늘날 우리가 보는 데이터 중심의 혁신을 이끌고 있는 것이죠.

다음에 제시한 그래프를 보면 2000년대부터 데이터 저장비용이 급격히 감소하고 반대로 컴퓨팅 파워는 상승했습니다. 그리고 데이터도 폭발적으로 늘어났고요. 이 한 장의 그림이

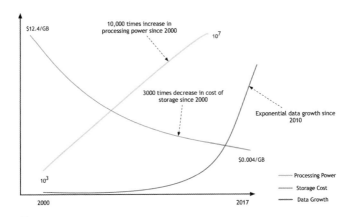

$12.4/GB

10,000 times increase in
processing power since 2000

10^7

3000 times decrease in cost of
storage since 2000

Exponential data growth since
2010

$0.004/GB

10^3

——— Processing Power

——— Storage Cost

——— Data Growth

2000

2017

데이터 과학 발전의 복합적인 요소들 - 컴퓨팅 파워 향상, 저렴해진 데이터 저장

데이터 과학이 발전한 이유를 쉽게 설명해줄 수 있을것 같아요.

빅데이터라는 용어는 언제부터 쓰이게 되었나요

편 많은 데이터를 지칭하는 말로 빅데이터라는 단어를 사용하는데요. 빅데이터라는 용어는 어떻게 나오게 된 건가요?

김 빅데이터Big data라는 단어의 정확한 유래에 대해선 아직도 논란이 분분해요. 그 중 가장 유력한 설은 1997년 NASA 과학자들의 논문에 컴퓨터의 메모리나 디스크의 성능에 부담을 주는 것을 '빅데이터 문제big data problme'이라고 부른 것이라고 해요. 빅데이터는 기존의 데이터베이스 관리 도구로 처리하기 어려운 정도로 대량의 다양한 종류의 데이터를 의미하는데요. 이로 인해 새로운 데이터 처리 방법과 전문가가 필요하게 되었죠. 그 결과로 새로 탄생하게 된 분야가 데이터 과학이고, 그 일을 전문적으로 수행하는 데이터 과학자가 탄생하게 된 거죠.

편 빅데이터라는 단어가 처음 등장했을 때 사회에 굉장한 반응이 있었던 것으로 기억해요.

김 2010년대가 되면 빅데이터의 중요성이 더욱 부각되면서 기업, 정부, 학계 등에서 빅데이터를 활용한 데이터 분석과 의사결정에 관심이 증가했어요. 그런데 처음엔 빅데이터가 중요한 건 알겠는데 어떻게 다뤄야 원하는 결과를 도출할 수 있는지 고민이었죠. 그러다 Apache Hadoop와 같은 오픈 소스 빅데이터 처리 도구가 등장하면서 대용량 데이터를 효과적으로 저장하고 처리할 수 있는 기술이 보다 널리 사용되게 되었어요.

오픈 소스 빅데이터 도구들

데이터 과학과 빅데이터 처리 분야는 끊임없이 발전하고 있어요. 여기서는 오늘날 가장 중요하고 영향력 있는 오픈 소스 빅데이터 도구들을 소개할게요. 이들은 데이터의 수집, 저장, 처리, 분석 등 다양한 작업을 위해 널리 사용되고 있어요.

Apache Hadoop 대규모 데이터를 분산 저장하고 처리하기 위한 프레임워크입니다. HDFS(분산 파일 시스템), MapReduce(데이터 처리 엔진), YARN(자원 관리자) 등을 포함합니다.

Apache Spark Hadoop에 비해 빠른 데이터 처리 속도를 자랑하는 인메모리 기반의 분산 처리 시스템입니다. 대용량 데이터 분석과 머신러닝에 이상적입니다.

Apache Kafka 대규모 메시지 스트림을 실시간으로 처리하는 플랫폼으로, 실시간 데이터 파이프라인 구축에 주로 사용됩니다.

Apache Cassandra 고성능, 분산형 데이터베이스 관리 시스템으로, 대규모 데이터의 안정적인 저장과 처리를 지원합니다.

클라우드 기반 빅데이터 서비스 AWS, Google Cloud, Microsoft Azure 등에서 제공하는 서비스들로, 기업이 자체적으로 IT 인프라를 소유, 관리 및 운영하는 온프레미스On-premise 인프라가 필요 없는 환경에서 유용합니다.

이러한 도구들은 데이터 과학자들이 빅데이터를 효율적으로 처리하고 가치 있는 인사이트를 추출하는 데 있어 필수적인 요소들이에요. 각각의 도구는 특정한 목적과 요구사항에 맞춰 설계되었으며, 데이터 과학자들은 이 도구들을 활용하여 데이터를 보다 깊이 있게 분석하고 이해할 수 있습니다.

데이터 과학은 어떤 학문과 연관이 있나요

편 데이터 과학은 하나의 학문이기도 하지만 그 안에는 여러 학문이 융합되어 있다고 들었어요.

김 네, 데이터 과학은 컴퓨터 과학, 통계학, 수학, 경영학, 공학 등 다양한 분야의 원리와 기술을 융합한 영역이에요. 그런데 여기서 데이터 과학의 뿌리를 찾자면 18세기 통계학이라고 할 수 있어요. 데이터라고 하면 사람들이 현대의 전유물로 생각하지만 그 시초는 통계학이에요. 18세기에 통계학은 현대 통계학의 시초로 볼 수 있는 중요한 변화와 발전이 있었어요. 통계학의 기초가 다져지고, 데이터를 수집하고 분석하는 방법에 대한 체계적인 연구가 이루어졌거든요. 18세기 중반에 여러 국가에서 인구 조사가 시작되었는데요. 이를 통해 인구 통계학이란 분야가 발전하게 되었고 국가 차원에서 인구, 직업, 생계 수준 등을 체계적으로 조사하는 시스템이 구축되었죠. 18세기 후반에는 빈도론적 통계학Frequentist Statistics이 시작되었어요. 다양한 규칙과 정의가 제안되었고, 확률과 통계적 추론에 대한 기초를 마련했던 시기로 자료수집과 통계적 분석 방법론이 나오게 되어 현대 통계학의 발전을 이끌었죠. 당시에는 이것을 데이터 과학이라고 부르진 않았지만 국가적으로 행하는 인구 조사와 같이 기본적인 통계를 내는 것도 데이터 과학의 역할이에요. 그리고 통계학의 발전은 경제학에도 영향을 미쳤어요. 금리와 어떤 다른 경제 지표의 관계를 따질 때 통계학을 활용하게 되었거든요. 요즘에 데이터 과학이 경제와 밀접한 관련을 가지고 있는 것과 마찬가지라고 생각해요.

편 통계학이 데이터를 활용한다는 점에서 데이터 과학과 공통점이 있는 거네요. 그럼 차이는 뭘까요?

김 통계학과 데이터 과학은 둘 다 데이터를 활용한다는 공통점이 있죠. 하지만 차이점도 분명합니다. 통계학은 주로 데이터를 통해 추론을 하고, 가설을 검증하는 데 초점을 맞춥니다. 통계학자들은 실험 설계, 데이터의 수집, 그리고 결과의 해석을 통해 이론적인 결론을 도출하는 데 중점을 두는데요. 이는 과학 연구, 의학, 사회과학 등의 분야에서 특히 중요해요. 반면에 데이터 과학은 통계학적 방법뿐만 아니라, 컴퓨터 과학, 기계 학습, 데이터 마이닝 같은 기술을 활용하여 대규모 데이터 셋에서 통찰력을 얻는 것에 더 중점을 둡니다. 데이터 과학자들은 기존에 수집된 방대한 데이터를 활용하여 복잡한 문제를 해결하고, 실시간으로 데이터를 분석하여 새로운 비즈니스 기회를 발굴하는 데 능숙해요. 이는 비즈니스, 금융, 테크놀로지,

헬스케어 등 다양한 산업에서 실질적인 응용을 찾을 수 있어요. 즉, 통계학은 데이터를 통한 추론과 가설 검증에 중점을 두는 반면, 데이터 과학은 대규모 데이터를 활용한 복잡한 문제 해결과 실시간 분석에 더 중점을 두는 것이 주요 차이점입니다.

데이터 과학자는 인공지능을 포함한 다양한 도구를 활용하여 복잡한 문제를 해결하는 전문가로, 이 점에서 통계학자와 구별됩니다. 예를 들어 대규모 언어 모델인 ChatGPT를 사용하여 AI 기반의 새로운 비즈니스 솔루션을 개발하거나, 기존에 인간이 수행하던 작업을 AI로 대체하는 등의 업무를 수행합니다.

데이터 과학의 발전에 중요한 역할을 한
기술은 무엇인가요

⑩ 데이터 과학이 발전하는데 중요한 역할을 한 다른 기술에는 어떤 것들이 있나요?

⑪ 여러 가지가 있지만, 특히 몇 가지 핵심적인 것들을 들 수 있죠. 첫 번째는 분산 컴퓨팅 시스템이에요. 대량의 데이터를 처리하기 위해선 고성능의 컴퓨팅 파워가 필요하고, 이를 위해 분산 컴퓨팅 시스템이 중요합니다. 예를 들어 Apache Hadoop이나 Spark 같은 플랫폼이 이에 해당하죠. 두 번째는 데이터 저장 및 관리 기술입니다. 대용량 데이터를 효율적으로 저장하고 빠르게 접근하기 위해 고안된 NoSQL 데이터베이스, 클라우드 스토리징 솔루션 등이 여기에 속해요. 세 번째는 머신러닝과 데이터 마이닝 기술이에요. 이 기술들은 대량의 데이터에서 패턴을 찾아내고 예측모델을 구축하는 데 필수적이죠. 특히, 최근의 AI 발전은 이 분야에 큰 영향을 미쳤어요. 마지막으로, 데이터 시각화 도구도 중요해요. 복잡한 데이터를 이해하고 해석하는 것은 매우 어려워요. 이를 위해 개발된 고급 시각화 도구들이 데이터 과학자들에게 매우 유용하게 사용되고 있죠. 이러한 기술들이 결합되어, 데이터 과학은 통계, 컴

퓨터 과학, 정보 기술의 경계를 넘어서 통합된 학문으로 발전하게 되었습니다.

머신러닝과 데이터 마이닝은 무엇인가요

편 머신러닝과 데이터 마이닝은 무엇인가요?

김 머신러닝의 아이디어는 앨런 튜링 Alan Turing이 제안한 튜링 테스트에서 나왔고, 수십 년 동안 발전해왔어요. 머신러닝 Machine Learning, ML은 컴퓨터 시스템이 경험을 통해 학습하고 데이터에서 특정 패턴을 인식하며, 이를 토대로 새로운 데이터에 대한 예측이나 결정을 내리는 알고리즘의 하나예요. 머신러닝은 인공 지능의 한 분야로 기계가 학습하고 문제를 해결할 수 있도록 하는 기술이죠. 머신러닝의 한 형태가 딥러닝인데요. 2016년 이세돌 9단을 4 대 1로 이겨서 세상을 놀라게 한 알파고는 딥러닝을 기반으로 한 인공지능프로그램이에요. 패턴을 인식하고 예측을 수행하는 데 탁월한 성과를 내고 있어요.

데이터 마이닝 Data Mining은 대규모의 데이터에서 유용한 정보와 패턴을 찾아내고 추출하는 프로세스를 말해요. 통계 분석, 머신러닝, 인공 지능, 데이터베이스 관리 등의 기술과 방법을 활용하여 데이터 속에 숨겨진 지식을 발견하기 위해 사용하죠. 데이터 마이닝은 패턴을 찾아내고, 비슷한 항목들을 그룹화하고, 데이터의 집합에서 연관된 규칙을 찾아내고, 예측 분석도 할 수 있어서 다양한 분야에서 활용하고 있죠. 예를 들어 소비자 구매 패턴을 분석하거나, 집값에 영향을 주는 요소들을 파악하고 예측하거나, 이메일에서 스팸 메일을 분류하거나, 보안 분야에서 네트워크 침입을 탐지하고 금융 분야에서 사기를 탐지하는 일에 사용되고 있어요.

편 머신러닝과 데이터 마이닝의 쓰임새가 다른가요?

김 머신러닝은 주로 이미지 및 음성 인식, 자연어 처리, 게임 인공 지능, 추천 시스템, 의료 진단, 금융 예측 등 다양한 문제에 적용되어 데이터로부터 의미 있는 정보를 추출하고 예측하는데 사용해요. 데이터 마이닝은 대규모 데이터 세트Data set 패턴을 찾아내고 의미있는 정보를 추출하기 때문에 의사결정에 도움이 되는 인사이트를 얻을 수 있어요. 그래서 기업, 의료, 금융, 마케팅, 정부과제 등 다양한 분야에서 의사결정과 예측에 활용돼요. 이 두 기술은 상호 보완적인 관계라고 할 수 있어서 문제 해결의 목표에 맞게 선택해서 사용하면 돼요.

데이터 과학을 사용하는 분야는 어디인가요

편 데이터 과학은 어느 분야에서 주로 사용되고 있나요?

김 비즈니스, 의학, 공학, 사회과학 등 다양한 분야에서 활용되고 있어요. 특히 기업들은 데이터 과학을 통해 비즈니스 전략을 개선하고 의사결정을 지원하는 데에 활용하고 있어요. 예를 하나 들어볼게요. 미국에 타겟TARGET이라는 마트가 있어요. 그곳에는 기저귀를 파는 매대 옆에 맥주를 진열해 놓고 팔아요. 보통 마트는 관련이 있는 품목들로 분류해서 상품을 전시하는데 타겟은 그런 일반적인 상품 진열 방식을 깨버렸어요. 이렇게 한 이유는 기저귀를 산 고객이 맥주를 같이 산 비율이 높았다는 데이터 분석 결과 때문이었어요. 영수증이라는 데이터를 분석해서 판매에 활용한 좋은 예죠. 오프라인 마켓에서 고객의 구매 패턴을 파악하고 고객이 더 편리하게 쇼핑할 수 있도록 변화를 이끄는데 데이터 과학이 기여했어요.

한편 온라인 마켓에서는 오프라인 마켓보다 훨씬 더 많은 데이터가 생성되고 활용도가 더 높아요. 고객이 마트에서 물건을 사면 어떤 물품을 샀다는 영수증만 남아요. 고객이 어떤 물건을 들었다 놨다 살펴보는지, 어느 물건을 보고 나서 다음엔 어느 매대로 이동했는지, 한 곳에 얼마 동안 머물렀는지 하

데이터 시대의 리테일(출처: Kolonbenefit)

는 정보는 없죠. 그런데 온라인 플랫폼에는 고객의 발자취가 고스란히 남아요. 어떤 물건을 검색했고, 어떤 페이지에 얼마나 머물렀고, 어떤 물건을 주문했는지 알 수 있죠. 이런 것을 행동 데이터라고 하는데요. 이런 데이터를 분석하면 고객의 구매 패턴을 알 수 있어요. 기업은 분석 결과를 활용해 사업에 반영하죠.

행동 데이터가 무엇인가요

편 행동 데이터가 무엇인가요?

김 개인이나 시스템의 행동과 관련된 정보를 나타내는 데이터를 말해요. 이러한 데이터는 일상 생활에서 우리가 하는 행동, 활동, 패턴 등을 기록하거나 측정해서 얻을 수 있어요. 행동 데이터는 다양한 분야에서 수집되어 활용되는데요. 앞에서 얘기한 것처럼 온라인 쇼핑몰에서 상품 검색, 장바구니 담기, 결제 등의 전자상거래 행동, 웹사이트 방문, 클릭, 검색어 입력 등과 같은 웹 사용 패턴, 소셜 미디어에서 트윗, 좋아요, 공유 등의 활동, 모바일 앱에서 사용자의 활동과 앱 내에서 활동 등은 디지털 행동 데이터예요. 또 헬스 밴드나 스마트 워치 등을 통해 수집된 심박수·걸음수·수면 패턴 등의 생체 측정 데이터, GPS 데이터나 지도 앱 등을 통한 사용자의 위치 기록과 정보 등의 위치 기반 데이터, 게임에서 플레이 패턴이나 동작, 성과 등의 게임 데이터, 음악 스트리밍이나 동영상 시청 등과 관련된 엔터테인먼트 데이터도 행동 데이터에 속해요.

추천 시스템이 사용되는 다양한 분야

1. 전자 상거래의 제품 추천

온라인 쇼핑몰에서 고객에게 관심을 가질만한 제품을 추천하여 구매 경험을 향상시키기 위한 거예요. 사용자의 이전 구매 이력과 검색 기록을 기반으로 개인화된 쇼핑 추천을 제공하죠.

2. 스트리밍 서비스

음악 스트리밍 플랫폼에서 사용자의 음악 취향을 기반으로 새로운 음악을 추천하고, 영화 및 TV 쇼와 같은 동영상 추천을 통해 사용자에게 맞춤형 콘텐츠를 제공해요.

3. 소셜 미디어

친구 활동, 관심사 및 콘텐츠 소비 기록을 기반으로 사용자에게 맞춤형 소셜 미디어 콘텐츠를 제안해요.

4. 온라인 광고

사용자의 검색 기록, 구매 행동 및 관심사를 기반으로 광고를 특정 대상에게 효과적으로 전달해요. 이것을 광고 타겟팅이라고 하죠.

5. 뉴스 및 콘텐츠 플랫폼

사용자가 읽은 기사 이력, 검색 기록 등을 분석하여 관련성 높은 뉴스 및 콘텐츠를 제안해요.

6. 여행 및 호텔 예약

이전 여행 이력, 검색 기록, 평가 및 리뷰를 기반으로 사용자에게 맞춤형 여행 목적지 및 숙소를 추천해요.

7. 게임

게이머의 플레이 스타일, 성과 및 취향을 고려하여 게임 내 아이템이나 캐릭터를 추천해요.

추천 시스템은 사용자 경험을 향상시키고 비즈니스에 맞춤형 서비스를 제공하는 데에 큰 역할을 해요. 이러한 시스템은 주로 기계 학습 및 데이터 과학 기술을 기반으로 동작하며, 사용자의 행동 패턴과 프로필을 분석하여 최적화된 추천을 생성합니다.

행동 데이터는 어떻게 사용되고 있나요

편 행동 데이터는 실제로 어떻게 사용되고 있나요?

김 여러분도 잘 알고 있는 추천 시스템이 있어요. 온라인 쇼핑 플랫폼 아마존은 1990년대 후반에 상품 추천 시스템을 도입했어요. 고객이 이전에 구매한 상품과 유사한 상품을 추천해서 고객 맞춤형 서비스를 제공하는 거죠. 처음엔 단순하게 시작해서 점점 더 고객의 취향에 맞는 추천 시스템으로 발전해서 지금도 아마존에서 중요한 부분을 차지하고 있어요. 추천 시스템으로 가장 성공한 기업은 넷플릭스일 거예요. 넷플릭스는 자체적으로 맞춤형 추천 알고리즘을 개발하여 사용자에게 적합한 콘텐츠를 추천하는 서비스를 해요. 사용자의 시청 이력, 평가, 검색 기록 등을 활용하여 영화 및 TV 프로그램을 추천해서 큰 성공을 거두었죠. 현재는 다양한 곳에서 추천 시스템을 사용하고 있고 데이터 과학 기술이 발전함에 따라 더 정교해지고 있는 추세입니다.

일상에서 쌓이는 데이터는
또 어떤 것들이 있을까요

편 일상에서 쌓이는 데이터는 또 어떤 것들이 있을까요?

김 데이터란 우리 주변에 너무나도 많고 다양한 정보들을 의미해요. 예를 들어 우리가 매일 사용하는 소셜 미디어에서 생성되는 게시물, 댓글, 좋아요 수와 같은 소셜 데이터가 있죠. 또한, 우리의 위치 정보를 기반으로 한 지리적 데이터, 건강 앱에서 수집되는 운동량이나 수면 패턴 같은 건강 데이터도 있어요. 이 외에도 날씨 정보, 경제 지표, 교통 흐름 등을 나타내는 데이터가 있죠. 데이터 과학자에게 데이터란 이러한 다양한 정보 속에서 의미 있는 패턴이나 인사이트를 찾아내고, 그것을 바탕으로 예측 모델을 만들거나 결정을 내리는 데 도움이 되는 자원이에요. 우리가 수집하는 데이터의 종류가 다양해질수록, 그리고 그 데이터의 양이 많아질수록, 우리는 더 정확한 예측을 하고 더 효율적인 의사 결정을 할 수 있게 되죠. 예를 들어 건강 데이터를 분석하면 특정 질병의 위험 요소를 조기에 발견할 수 있고, 소셜 데이터를 분석하면 사람들의 행동 패턴이나 여론의 흐름을 파악할 수 있어요. 이처럼 데이터 과학은 다양한 분야에서 유용하게 쓰일 수 있어요.

다루는 데이터에 따라 요구하는 지식이 달라지는 걸까요

편 그럼 다루는 데이터에 따라 요구하는 지식이 달라지는 걸까요?

김 데이터 과학의 세계는 매우 다양해서 다루는 데이터의 종류에 따라 필요한 지식과 기술이 달라져요. 예를 들어 자연어 처리Natural Language Processing, NLP를 다루는 경우에는 텍스트 데이터를 분석하고 이해하는 데 필요한 지식이 필요해요. 이는 고객 리뷰, 소셜 미디어 포스트, 뉴스 기사 등 텍스트 형태의 데이터를 분석할 때 사용되죠. NLP는 언어의 구조를 이해하고, 감성 분석이나 텍스트 분류, 기계 번역 같은 작업을 가능하게 합니다. 반면에, 이미지 데이터를 다루는 경우에는 컴퓨터 비전Computer Vision에 대한 지식이 요구돼요. 이는 사진, 비디오, 의료 이미징 등의 시각적 데이터를 분석하고 처리하는 기술이에요. 컴퓨터 비전은 이미지 내 객체를 식별하고 분류하는 작업, 얼굴 인식, 이미지 복원 같은 고급 작업을 수행할 수 있게 해줍니다.

저는 주로 이커머스와 금융 분야의 데이터를 다루는데, 여기서는 감성 분석을 할 때 NLP 데이터(예를 들어 고객 리뷰)를 다

중국 스타트업 재직 시절, 플랫폼 협업을 위해 방문한 중국 대표 IT 기업인 알리바바

루기도 하고, 상품 이미지를 분석할 때는 이미지 데이터를 다루기도 해요. 하지만 주로 다루는 데이터는 표 형식의 데이터, 즉 타뷸러tabular 데이터입니다. 이러한 데이터는 고객 정보, 거래 기록, 상품 정보 등을 엑셀 표처럼 정리한 형태로, 분석과 모델링에서 가장 흔히 사용되는 데이터 유형이죠.

대학에서는 이러한 분야를 더 세분화하여 NLP나 컴퓨터 비전을 전공할 수 있어요. 그리고 전공한 분야에 따라 졸업 후에는 주로 해당 분야에서 일하게 되는 경우가 많아요. 이렇게 데이터 과학은 매우 넓은 분야이며, 다루는 데이터의 종류에 따라 전문적으로 필요한 지식과 기술이 달라지는 매우 흥미로운 학문이죠.

데이터
과학자란

데이터 과학자는 누구인가요

편 데이터 과학자는 누구인가요?

김 데이터 과학자는 현대 사회에서 쏟아지는 데이터를 수집하고 분석하여 해석하는 사람이지만, 그보다 훨씬 더 많은 걸 해내요. 실제로 데이터 과학자들은 AI 같은 첨단 도구들을 활용해서 다양한 문제들을 해결해 내는 전문가라고 볼 수 있어요. 그들은 데이터에서 의미 있는 인사이트를 추출하는 것뿐만 아니라, 이러한 인사이트를 기반으로 인공지능 모델을 구축하고, 이 모델을 사용해 실질적인 문제들을 해결해 나가죠.

예를 들어보자면, 의료 분야에서는 데이터 과학자들이 환자 데이터를 분석하여 질병을 예측하고, 최적의 치료 방안을 제안하는 AI 시스템을 개발해요. 또한, 소셜 미디어 분석을 통해 소비자 행동을 이해하고, 이를 바탕으로 한 마케팅 전략을 수립하는 것도 데이터 과학자의 역할이죠.

이처럼 데이터 과학자는 단순히 데이터를 다루는 사람을 넘어서, AI를 포함한 다양한 도구를 사용하여 실제 생활의 문제를 해결하고, 새로운 기회를 창출하는 혁신가라고 할 수 있어요. 그리고 이런 역할을 수행하기 위해 프로그래밍, 통계학, 머신러닝 등 다양한 분야의 지식을 겸비해야 해요.

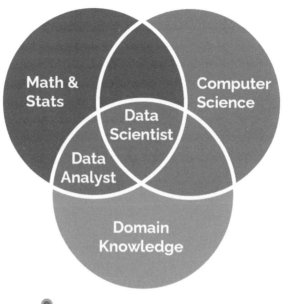

 데이터 사이언티스트가 갖춰야 할 스킬들

구체적으로 하는 일이 궁금해요

편 데이터에서 패턴을 읽고 의미를 찾아내 과제를 해결하는 게 데이터 과학자의 일이라고 하셨어요. 구체적으로 설명해주세요.

김 데이터 과학자가 어느 분야에서 일하고 있는가에 따라 세부적인 일은 다를 수 있지만 데이터를 다루는 방식은 비슷하기 때문에 지금 제가 일하는 분야에서 하는 일을 중심으로 설명할게요. 데이터 과학자가 하는 일은 분석과 모델링으로 크게 나눌 수 있어요. 분석은 어떤 현상이 나타났을 때 원인을 찾는 과정이에요. 예를 들어 플랫폼에 들어와 물건을 검색하던 소비자들이 구매하지 않고 이탈하는 비율이 높은 현상이 나타났다면 이 문제의 원인은 무엇이고, 어떻게 미리 예측하고 해결할 수 있을까 하는 비즈니스 문제가 주어지죠. 그러면 먼저 과거 데이터를 기반으로 학습을 하는 거예요. 소비자가 구매했던 상품, 이용한 시간대, 배송했던 주소, 소비자가 가입한 기간 등등 많은 데이터가 있는데요. 이런 데이터를 사람이 하나하나 다 살펴볼 수는 없어요. 그래서 10만 개, 100만 개의 데이터를 보고 분석하는 모델을 만들고 고객의 패턴을 읽는 거죠. 어떤 특징을 가진 고객이 어느 시점에서 이탈할 가능성이 몇 퍼센트다. 그러면 이탈할 가능성이 몇 퍼센트 이상인 고객에게는 쿠폰 행사의 기회를 더 준다던가 혹은 그 소비자를 위해 다른 화면이 뜰 수 있게 해서 이탈을 막을 수 있는 방안들을 생각해 내는 거예요. 이것을 이탈 예측이라고 해요. 이렇게 비즈니스 문제를 해결하거나 설정한 목표를 달성하기 위해 AI모델, 머신러닝 모델, 딥러닝 모델이라는 도구를 사용하죠.

편 데이터를 분석해서 문제의 원인을 찾아내는 게 쉬운 일은 아닐 것 같아요.

김 비즈니스의 문제가 생겼을 때 그 원인을 분석하는 방법으로 해결 방안을 먼저 제시하고 테스트를 해서 검증하는 방법이 있어요. 마케팅 용어에 전환율Conversion Rate, 컨버전율이라고도 함이라는 게 있어요. 플랫폼을 방문한 사용자 중에 실제로 원하는 특정 동작을 수행한 사용자의 비율을 뜻해요. 예를 들어 어떤 상품을 보던 사용자 중에 결제로 이어지는 비율이 얼마나 되는가를 측정했을 때 전환율이 낮다면 기업의 입장에서는 무엇이 문제인지 찾아서 해결해야 하죠. 이런 문제를 해결하고 싶다는 의뢰를 받으면 어떤 결제 수단을 썼을 때 사용자가 불편해 하는지, 또 결제하는 과정에서 사용자가 이탈하는 경우가 많다면 원인은 무엇인지를 파악해야 해요. 그런데 데이터에는 성공률과 실패율만 나오지 사용자의 마음은 알 수가 없어요. 그럴 때는 여러 가지 가설을 세우고, 그에 따라 결제 시스템을 개선할 수 있는 여러 가지 방안을 마련해요. 예를 들어 카드로 결제할 때 비밀번호를 입력하라고 하면 불편해서 이탈하는 사용자가 있을 것 같다는 가설을 세웠다면 그에 대한 대책으로 카드를 등록해 놓고 비밀번호 없이 결제할 수 있는 모델을 만들어요. 그리고 실험해 보는 거예요. 어떤 사용자에게는 기존의 결제 시스템에 따라 비밀번호를 입력하게 하고, 다른 사용자에게는 비밀번호를 입력하지 않게 해 놓아요. 무작위로 사용자를 선택해 같은 비율로 실험을 한 결과 비밀번호를 넣지 않았을 때 구매 과정에서 이탈할 확률이 10% 정도 낮아졌다는 유의미한 결과를 도출하면 그때 모든 사용자에게 동일한 결제 방식을 지원하죠. 이렇게 해결 방안을 찾는 과정에서 문제의 원인도 찾아질 수 있어요. 실험을 할 때는 데이터를 많이 모아야 신빙성 있는 결과를 도출할 수 있다는 점도 고려해야 하죠.

편 실제로 실행하면서 보완하는 방식이네요. 사용자는 실험하고 있다는 것을 알까요?

김 사용자는 모르죠. 데이터 과학자는 이런 자잘한 실험을 많이 해요. 빨간색 버튼과 파란색 버튼을 제시하고 어떤 버튼에 사용자들이 더 많이 반응하는지 알아보는 간단한 실험도 있어요. 이렇게 둘 중에 하나를 고르는 실험을 AB테스트라고 해요. 실제로 실리콘밸리에 있는 구글이나 우버 이런 곳에서도 많이 하고 저도 많이 하죠. 오프라인 마켓에서 소비자의 눈길을 끌기 위해 상품의 진열 위치를 바꾸거나 배열을 달리하는 방법을 사용하는 것처럼 플랫폼도 이런 저런 변화를 시도해서 비즈니스의 목표를 달성하는 방안을 찾아가는 거예요.

특성이 다른 데이터를 다룰 때는 어떻게 하나요

편 여러 종류의 데이터가 있을 텐데, 다뤄야 할 데이터가 달라진다면 어떻게 하나요?

김 데이터 과학자라는 직업은 두 가지 이상의 일을 하는 것 같아요. 분석할 데이터가 있어야만 할 수 있는 일인데 데이터라는 것이 분야마다, 회사마다 다 다른 특성을 가지고 있어요. 그래서 금융 분야의 일을 한다면 금융에 대한 지식도 좀 있어야 하고 데이터가 어디에 어떻게 쌓이는지 경로도 알아야 해요. 의료 분야에서 일한다면 또 그에 따라 학습해야 할 지식이 있는 거예요. 그래서 분야를 옮겨서 이직할 때는 초기에 학습해야 할 것들이 많은 편이죠.

편 일하는 분야를 선택한 후에 학습이 필요하다는 말씀인데, 어떤 학습을 하는 건가요?

김 네, 맞아요. 데이터 과학에서는 분야마다의 도메인 지식이 중요해요. 각 분야마다 데이터를 저장하고 처리하는 방식이 다를 뿐만 아니라, 어떤 데이터가 중요한지, 어떤 데이터가 문제 해결에 도움이 되는지 이해하는 것이 필요해요. 커머스 기업에서 금융 분야에서 일한다면 이 분야의 특성을 잘 이

해해야 해요. 커머스 기업에서는 매출이 중요한 지표 중 하나죠. 만약 평소보다 결제 전환율이 10% 떨어졌다면, 그 원인을 분석하기 위해 결제 과정에서의 데이터를 면밀히 검토해야 하죠. 예를 들어 결제 단계에서 전환율이 떨어진 경우, 카드 결제의 문제인지, 인터넷 송금의 문제인지, 모바일 결제의 문제인지 분석해야 해요. 이를 위해 관련 데이터를 수집하고 분석하여 문제의 원인을 찾아요. 예컨대, 모바일 결제에서 문제가 발생했다는 것을 알게 되고, 더 깊이 들여다본 결과 특정 모바일 결제 밴더사에서 시스템 오류로 인해 결제가 중단된 것을 발견할 수도 있어요. 이렇게 특정 분야의 문제를 해결하기 위해서는 그 분야의 도메인 지식이 매우 중요하답니다.

편 온라인에는 사용자가 들어왔다가 나가는 순간까지 꽤 많은 데이터가 남는데, 그 중에서 어떤 데이터를 분석해야 하는지 찾아내는 것도 데이터 과학자의 역할이군요.

김 어디에 어떤 데이터가 남는지, 또 어떤 식으로 남는지를 잘 알고 있어야 일을 빨리 빨리 처리할 수 있어요. 일을 하다 보면 다양한 문제가 발생하는데 문제에 따라 봐야 할 데이터가 달라요. 그러면 이 문제를 해결하기 위해서는 어떤 테이블에 있는 데이터에서 어떤 변수가 작용했는지 분석해야 하죠.

그래서 데이터를 많이 알아야 일을 수월하게 할 수 있는 것 같아요. 거꾸로 한 분야의 데이터 분석을 많이 하다 보면 그 비즈니스에 대해서 굉장히 잘 알 수밖에 없어요. 저도 매출 데이터를 항상 다루니까 매출이 어느 정도로 나오고 있고 앞으로는 어떻게 될 것 같다는 예측도 하고, 이 분야에는 어떤 문제가 자주 발생하는지도 알고 있어요. 이렇게 일을 하면서 비즈니스에 대한 이해도가 빠르게 높아지는 걸 느끼죠.

모델링은 무엇인가요

편 데이터 분석 다음으로 모델링을 한다고 하셨어요. 모델링은 무엇인가요?

김 기업에서 요구하는 목표에 따라 데이터의 패턴을 파악하고 그 속에서 문제를 해결할 수 있는 모델을 제시하고, 그 모델을 실제로 사용해서 문제점을 보완하고 실용화하는 일을 말해요. 모델링은 과거의 데이터를 기반으로 AI 프로덕트를 만들고 예측하는 건데요. 이 일의 핵심은 예측에 있어요. 제가 지금 하고 있는 업무 중에 사기 탐지fraud detection 모델 개발 업무가 있는데요. 이커머스 플랫폼에서는 사기 거래가 많이 일어나요. 어뷰징이라고 해서 커머스 플랫폼에 상점을 연 사람이 본인의 상품을 띄우기 위해 가짜 거래를 많이 한다거나, 본인이 스스로 검색을 100번, 1,000번을 해서 검색어를 올리거나 상품의 랭킹을 올리기도 했어요. 요즘엔 이런 거래는 거의 사라졌는데, 다른 방식의 사기 거래가 일어나요. 저희 플랫폼에서 프로모션을 진행할 때가 있어요. 어느 물건을 한정 수량으로 싸게 판매하는 거죠. 이때 싸게 파는 물건을 대규모로 사다가 다른 곳에 판매하는 사람들이 있어요. 이런 일을 막기 위해 한 계정당 몇 개까지만 살 수 있다고 정해놓으면 해결되는 것

아닌가 생각할 수 있어요. 우리나라는 IP추적도 가능하고, 핸드폰은 디바이스 아이디라고 해서 어떤 기종이고 어떤 버전으로 로그인 되었는지 다 기록에 남아서 추적이 가능하죠. 또 우리나라는 핸드폰을 개설하려면 본인인증이 필수라 다른 사람 이름으로 핸드폰을 쉽게 만들 수 없는 구조이고, 한 사람이 여러 개의 핸드폰을 사용한다고 하더라도 한 사람의 계정이라는 것을 확인할 수 있기 때문에 사기를 친다고 해도 플랫폼 프로그램으로 쉽게 차단이 가능해요. 그런데 이런 조치를 해 놓아도 프로그램을 사용해서 IP를 바꾸거나 핸드폰 번호를 바꿔서 대량으로 사가는 사람들이 있어요. 외국에서는 우리 돈 2천 원 정도면 핸드폰 번호를 바꿀 수도 있기 때문에 한 사람이 수십 개, 수백 개의 핸드폰 번호를 개설할 수 있어서 다른 번호로 물건을 살 수 있죠. 그래서 저는 이런 거래가 일어날 것을 데이터를 기반으로 예측하는 알고리즘을 만들어요. 어떤 IP에서 거래가 들어왔을 때 어떤 핸드폰 기종으로 어떤 결제 수단을 써서 어디로 배송한다는 정보가 남잖아요. 그러면 과거에 일어났던 사기 데이터들을 기반으로 이 거래가 위험한지 아닌지를 예측하는 거예요. 간단하게는 사기일 확률을 보는 거죠. 예를 들어 구매한 지역은 중국인데 접속한 IP는 미국이고, 카드 발급한 곳이 사우디라고 나와있다고 해봐요. 그러면 기존에 그런 식으로 구매한 국가와 카드 발급한 국가가 달랐던 경우에 사기가 많이 일어났다면 그런 것들을 특정한 변수로 만들어 놓고 예측을 하는 거죠. 그리고 비즈니스 팀과 논의해서 위험할 확률이 80% 이상이면 거절을 하자든가, 50~80% 사이면 구매자의 데이터를 리뷰해 보고 괜찮은 것 같으면 통과시키고 좀 의심이 든다고 판단이 되면 거절하자, 또 50% 밑이면 일단 승인하자는 등의 기준을 세워요. 이렇게 데이터를 기반으로 AI 알고리즘을 만들어 사기 탐지를 하고, 이런 거래가 들어왔을 때 자동적으로 경고를 뜨게 하는 시스템을 만들어 사기 거래를 차단하는 거예요.

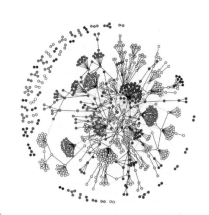

사기 탐지를 위한 커뮤니티 탐지 그래프

편 사기 탐지의 예를 보면 과거의 데이터가 중요한 역할을 하는 거네요. 그럼 자동으로 걸러내는 AI 알고리즘이 없었을 때는 어떻게 대응했나요?

김 AI 모델이 없을 때는 간단한 규칙을 만들어 놓고 사람이 직접 보고 판단했어요. 아까 얘기했던 것처럼 구매자가 플랫폼에 접속한 국가와 결제 수단이 발급된 국가가 다르다면 사람이 거래 내용을 보고 위험도를 판단해 거절하거나 승인하는 거예요. 그러니까 사기 거래를 탐지하기 위한 인력도 많이 필요했고, 걸러내지 못하는 일도 생겼죠.

편 사기 거래를 걸러내는 방법이 정교해지면 반대로 사기를 치는 사람들도 적발되지 않는 방법을 사용하지 않을까요?

김 맞아요. 방어하는 쪽만 발전하는 게 아니라 공격하는 쪽도 발전하죠. 처음에는 사람이 눈으로도 발견할 수 있는 단순한 방법으로 사기를 쳤다면 점점 사람이 발견하기에는 어렵고 복잡한 방법을 고안하더라고요. 그렇기 때문에 머신러닝 AI가 중요해 질 수밖에 없어요. 사람이 발견할 수 있는 규칙은 한계가 있는데 AI 모델을 활용하면 복합적인 작용을 통해 복잡한 패턴도 찾아낼 수 있으니까요. 이렇게 어떤 문제가 생길 것을 예측하고 대응 방안을 마련하는 것을 모델링이라고 하죠.

데이터 과학 분야는 또 어떤 직종이 있나요

🔵편 데이터 과학 분야에는 데이터 과학자 외에 다른 어떤 직종이 있나요?

🔵김 중점적으로 하는 일에 따라 데이터 엔지니어Data Engineer, 데이터 분석가Data Analyst, 데이터 과학자, 이렇게 크게 세 가지 직종으로 나뉘어요. 실제로 업무에 들어가면 겹치는 부분이 있지만 각각의 고유한 업무도 있어요. 데이터 엔지니어는 대량의 데이터를 수집, 저장, 처리하고, 데이터 파이프라인을 설계하고 유지 보수하는 일을 해요. 데이터 엔지니어의 주요 목표는 데이터를 신속하게, 효율적으로, 안정적으로 처리하여 데이터 분석 팀이나 데이터 과학팀에게 전달하는 것이죠. 주어진 목표에 따라 다양한 소스에서 대량의 데이터를 수집하고 추출하는데요. 데이터를 수집하는 곳은 어플리케이션 데이터베이스, API, 로그 파일, 스트리밍 플랫폼 등 다양한 형태일 수 있어요. 이렇게 수집한 데이터를 안정적으로 저장하는 데이터베이스나 데이터 웨어하우스에 저장할 때 데이터의 구조, 형식, 보안 등을 고려하여 적절한 저장소를 선택하고 설계하죠. 다음으로 저장된 데이터를 필요에 따라 정제, 집계, 변환, 필터링 등을 거쳐 처리하여 분석이나 의사결정에 활용할 수 있도

록 해요. 또 데이터의 흐름을 관리하는 데이터 파이프라인을 설계하고 구현하는데요. 이때는 데이터 과학자, 비즈니스 분석가, 소프트웨어 엔지니어 등과 협업하여 데이터 파이프라인을 개발할 수 있어요. 데이터 파이프라인은 데이터를 수집하고 처리하여 분석이나 머신러닝 모델 학습 등에 활용할 수 있는 형태로 변환하는 일련의 과정을 나타냅니다. 이는 데이터 과학, 빅데이터 및 기계 학습 프로젝트에서 중요한 구성 요소 중 하나인데요. 특히 큰 규모의 데이터를 처리하고 효율적으로 활용하기 위한 핵심 요소이죠. 이해하기 쉽도록 데이터를 저장하는 기술의 예를 들어볼게요. 데이터를 저장하는 기술도 여러 가지인데, A라는 데이터베이스는 저장하는 데 드는 비용이 많이 들지만 속도는 빠르고, B라는 데이터베이스는 저렴하지만 속도가 느려요. 이럴 때 자주 분석하는 데이터는 A에 저장하고, 자주 쓰지 않는 데이터는 B에 저장하는 전략을 세워요. 또 A로 들어온 데이터를 B로 자동으로 가게 하고, 반대로 B로 들어온 데이터를 A로 가게 하는 흐름을 만드는 거예요. 그러니까 데이터 파이프라인은 데이터를 흐르게 하는 구조인 거죠. 또 데이터 엔지니어는 데이터의 품질을 보장하고, 보안 메커니즘도 만들고, 데이터 처리 및 저장 프로세스의 성능을 최적화하여 처리 시간을 단축하고 효율성을 높이는 일을 하는 전문가예요. 그리고 구축한 데이터 파이프라인이 원활하게 동작하는지 모니터링하고, 문제가 발생할 경우 신속하게 대응하여 시스템을 유지 보수하는 일을 하죠. 이렇게 데이터 엔지니어는 데이터 과학자나 분석가들이 데이터를 활용할 수 있도록 기반을 만들고 효율적으로 데이터를 활용할 수 있도록 합니다.

편 데이터 분석가는 어떤 일을 하나요?

김 데이터 분석가는 데이터를 수집, 처리, 분석하여 기업이나 조직이 목표를 달성하고 의사결정을 내리는 데 도움을 주는 역할을 해요. 데이터 분석가는 먼저 다양한 소스에서 데이터를 수집하고, 데이터의 품질을 향상시키기 위해 불완전하거나 오류가 있는 데이터를 정제하죠. 이렇게 정제한 데이터를 그래프, 차트, 대시보드 등을 사용하여 시각화 하고, 기초 통계량 계산, 가설 검정, 상관 분석 등을 통해 데이터의 통계적 특성을 분석하고, 선형 회귀, 의사결정 트리, 클러스터링 등의 기술을 사용하여 데이터에 내재된 패턴이나 관계를 찾아내죠. 다음엔 데이터를 사용하여 모델을 만들어 예측 분석을 수행합니다. 이렇게 생산한 데이터 분석 결과를 이해하기 쉽게 정리하고 보고서를 작성하죠. 데이터 분석가가 만든 보고서는 데이

Data Scientist	Data Engineer	Data Analyst
uses statistics and machine learning to make predictions and answer key business questions	build and optimize the systems that allow data scientists and analysts to perform their work	deliver value by taking data, communicating the results to help make business decisions
Skills - Math, Programming, Statistics	**Skills** - Programming, BigData & Cloud	**Skills** - Communication, Business Knowledge

출처 DMBI consultant

터 분석을 의뢰한 기업이나 기관, 조직에서 문제 해결을 위한 의사결정의 자료로 사용돼요. 또 머신러닝 기술을 사용하여 데이터에서 패턴을 학습하고 예측 모델을 구축하는 일도 하기 때문에 미래를 예측하거나 최적의 의사결정을 내릴 수 있도록 도움을 줍니다.

데이터 과학자와 데이터 분석가는
어떻게 다른가요

편 데이터 과학자와 데이터 분석가는 어떻게 다른가요?

김 주된 차이는 업무에 있어 역할의 범위와 기술적인 스킬, 의사결정에 대한 영향력이라고 할 수 있어요. 데이터 과학자는 데이터를 수집하고 저장하는 것부터, 전략적인 비즈니스 의사결정을 위해 데이터를 모델링하고 예측 모델을 개발하는 전 과정에 관여해요. 또한 머신러닝, 딥러닝, 강화학습 등의 기술을 사용하여 복잡한 문제를 해결하는 일을 하죠. 반면에 데이터 분석가는 데이터를 수집, 정제, 시각화하고, 주로 통계적인 방법을 사용하여 데이터에 대한 통찰력을 도출하지만 기술적인 측면에서는 데이터 과학자보다는 적은 범위의 작업을 수행해요.

데이터 과학자는 프로그래밍 언어(예: Python, R), 머신러닝 및 통계 모델링, 데이터베이스 관리, 빅데이터 도구 등과 같은 고급 기술에 능통한 전문가예요. 물론 데이터 분석가도 프로그래밍과 통계에 대한 기본 지식이 필요하지만, 데이터 과학자보다는 덜 복잡하고, 전문적인 기술에 중점을 두기보다는 데이터 시각화, 보고서 작성, SQL 등에 중점을 둔다는 차이가 있죠. 가장 큰 차이는 의사결정에 대한 영향력이에요. 데이터 분석가가 주로 현재의 데이터 상태를 이해하고 의사결정을 지원하는 역할이라면 데이터 과학자는 비즈니스 전략에 대한 의사결정에 직접적으로 관여하고 예측 모델을 통해 전략적인 가치를 창출하는 데 주력하죠. 그래서 데이터 과학자는 주로 기업의 비즈니스 목표와 관련해 데이터 과학 프로젝트를 이끌며 복잡한 데이터를 종합적으로 분석하고 문제해결의 방법을 찾아요. 반면에 데이터 분석가는 그보다 범위가 적은 특정한 질문에 대한 답을 찾는 데 중점을 두며, 상대적으로 덜 복잡한 분석을 다룹니다.

새롭게 등장하는 직업도 있나요

편 데이터 과학자, 데이터 엔지니어, 데이터 분석가 외에 새로 생긴 직업도 있나요?

김 최근에는 데이터 과학 분야가 더욱 세분화되고 전문화되면서 새로운 직종들이 등장하고 있어요. 예를 들어, '데이터 프로덕트 오너Data Product Owner'는 데이터 기반 제품이나 서비스의 전략과 비전을 설정하고 이끄는 역할을 해요. 이들은 데이터 분석 결과를 비즈니스 전략에 통합하여 제품 개발을 주도하죠. 'MLOps' 전문가는 머신러닝 모델의 개발, 배포 및 운영을 담당하며, 이 모델이 실제 환경에서 효과적으로 작동하도록 관리해요. MLOps는 DevOps의 원칙을 머신러닝과 결합한 것으로, 머신러닝 시스템의 지속적인 통합, 배포 및 모니터링을 중점적으로 다루죠. 또한 'LLM 엔지니어Large Language Model Engineer'와 같은 직종도 생겨나고 있어요. 이들은 대규모 언어 모델을 개발하고 최적화하는 일을 하며, 자연어 처리와 관련된 다양한 애플리케이션을 구현해요. 이러한 역할은 인공 지능과 언어 기술의 발전에 따라 점차 중요해지고 있어요.

편 데이터 과학 분야가 빠르게 발전하면서 새로운 직업도 많이 나오는 것 같아요.

김 앞에서 이야기했듯이 데이터 과학은 크게 세 가지 주요 요소의 결합으로 발전했어요. 통계학 이론의 성숙, 데이터의 폭발적인 증가, 그리고 컴퓨팅 기술의 발전이죠. 이 세 요소는 데이터 과학이 현대 사회에서 중요한 위치를 차지하게 만든 원동력이라 할 수 있습니다. 이러한 배경에서 데이터 과학자라는 직업뿐만 아니라 데이터 엔지니어, 데이터 분석가, MLOps 전문가, 그리고 데이터 제품 소유자 같은 새로운 전문 직업군이 등장했어요. 데이터 엔지니어는 데이터 파이프라인을 구축하고 관리하는 일을 하고, 데이터 분석가는 수집된 데이터를 분석하여 인사이트를 도출하죠. MLOps 전문가는 기계 학습 모델의 개발과 운영에 중점을 두고, 데이터 제품 소유자는 데이터 기반 제품이나 서비스의 전략과 비전을 설정해요. 이렇게 데이터 과학은 단지 기술적 진보뿐만 아니라, 새로운 직업군의 창출과 사회적, 경제적 영향력의 확장으로 그 중요성을 강화해왔어요. 그래서 새로운 기술과 요구사항에 따라 다양한 전문 직종이 등장할 거라고 예상할 수 있어요. 이러한 역사적인 발전은 데이터 과학이 앞으로도 계속 중요한 역할을 할 것임을 시사하죠.

새로운 직업이 생기는 현상은 직업적으로
어떤 의미가 있을까요

편 데이터 과학 분야가 이렇게 빨리 발전하고, 새로운 주변 직업군이 많이 생겨나는 현상은 직업적으로 어떤 의미가 있을까요? 이러한 변화가 개인의 경력 계획과 산업 전반에 어떤 영향을 미칠 수 있나요?

김 아, 정말 좋은 질문이에요! 데이터 과학 분야의 발전과 새로운 직업군의 등장은 여러모로 큰 의미가 있죠. 먼저 긍정적인 측면을 보자면, 이런 변화는 다양한 기회의 문을 열어줍니다. 새로운 직군으로의 이동 가능성은 우리에게 그야말로 엄청난 기회죠. 특히 기술 변화에 민감하고 새로운 것에 도전하는 것을 좋아하는 사람들에게 말이에요. 다양한 경로를 탐색할 수 있는 기회가 생기면서 개인적으로도 많이 성장할 수 있고요.

하지만 한편으로는 도전도 따라와요. 회사마다, 또는 직군마다 데이터 조직의 성숙도가 달라서, 수요가 다르고 맡게 되는 역할도 조금씩 달라질 수 있거든요. 예를 들면 작은 스타트업에서는 한 사람이 데이터 분석부터 엔지니어링, 모델링까지 다양한 일을 해야 할 수도 있어요. 반면에 큰 IT 기업에서는 업무가 더 세분화되어 있어서 특정 업무에만 집중할 수도 있고요. 이런 부분이 장점일 수도 있지만, 때로는 업무에 대한 불확실성이나 적응해야 할 부분이 많다는 점에서 단점이 될 수도 있어요.

그리고 AI 같은 새로운 기술 도구의 등장은 많은 분야에서 일하는 방식을 바꾸고 있죠. 이것이 의미하는 바는, 데이터 과학 분야에 종사한다는 것이 다른 직업군에 비해 상대적으로 불확실성이 적다는 거예요. AI 기술의 발전은 우리에게 새로운 학습 기회를 제공하고, 이는 우리의 경쟁력을 유지하고 새로운 기회를 탐색하는 데 정말 중요해요.

결론적으로 데이터 과학 분야의 변화는 새로운 기회의 창출과 함께 도전을 안겨주고 있어요. 그래서 이 분야에서 성공하기 위해서는 지속적인 학습과 빠르게 변화하는 기술과 시장의 요구에 적응하는 능력이 정말 중요하답니다.

디지털 직군과 데이터 과학자는
다른 직업인가요

편 금융기관에는 디지털 직군이라는 게 있던데요. 이건 데이터 과학자와는 다른 직업인가요?

김 금융기관에서의 '디지털 직군'은 광범위한 역할을 포함하며, 그 중 하나로 데이터 과학자도 포함될 수 있어요. 이 직군은 디지털 플랫폼 개선, 새로운 디지털 서비스의 개발, 시스템 유지보수, 보안 문제 대응 등 다양한 업무를 포함합니다. 여기에는 소프트웨어 개발자, IT 전문가, 디지털 마케팅 전문가, 그리고 데이터 과학자 등이 포함될 수 있죠. 특히 데이터 과학자는 이 직군 내에서 데이터 분석 및 모델링을 통해 금융 서비스의 효율성을 향상시키고, 고객 경험을 개선하며, 새로운 비즈니스 기회를 발굴하는 중요한 역할을 해요. 금융 데이터 분석, 리스크 관리, 고객 행동 분석, 사기 탐지 등 다양한 분야에서 데이터 과학 기술이 활용되거든요. 그래서 금융기관의 디지털 직군은 단순히 기술적인 업무에 국한되지 않고, 데이터 과학과 같은 분석적인 업무도 포괄해요. 이러한 다양한 직군의 전문가들이 함께 협력하여 금융기관의 디지털 혁신을 주도하고 있죠.

데이터 과학자와 AI 전문가는 어떻게 다른가요

📝 데이터 과학자와 AI 전문가는 어떻게 다른가요?

🔵 데이터 과학자와 AI 전문가를 완전히 분리하긴 힘들어요. 데이터 과학과 인공지능은 서로 긴밀히 연결되어 있으며, 각 분야의 전문가들 사이에는 중첩되는 업무 영역이 많아요. 데이터 과학자들은 데이터 해석, 처리, 분석을 통해 통찰력을 도출하고, 이를 바탕으로 예측 모델을 포함한 기계 학습 알고리즘을 개발할 수도 있어요. 하지만 일반적으로 데이터 과학자의 주요 초점은 데이터 자체에서 의미 있는 정보를 추출하고 비즈니스 인텔리전스를 제공하는 거예요. AI 전문가는 이러한 기계 학습 모델이나 AI 시스템을 더 깊이 있게 개발하고, 복잡한 문제를 해결하기 위해 모델을 설계하고 최적화하는 데 더 많은 시간을 할애해요. 그들의 작업은 종종 인지 컴퓨팅, 자연어 처리, 컴퓨터 비전 등 특화된 AI 분야에서의 응용을 포함하고 있어요. 이렇게 보면, 데이터 과학자와 AI 전문가는 데이터 및 알고리즘에 대한 공통적인 이해를 바탕으로 하지만, AI 전문가는 인공지능 모델의 개발과 구현에 더 깊이 관여하고, 데이터 과학자는 데이터에서 통찰력을 도출하고 인공지능 도구를 사용해 비즈니스 결정을 지원하는 데 더 중점을 둬요. 둘

다 중요한 역할을 하며, 때에 따라서는 한 사람이 두 영역 모두에서 일할 수도 있어요.

『AI 소사이어티』 출간 인터뷰 사진

DATA
SCIENTIST

데이터
과학자가
되려면

데이터 과학자가 되려면 무엇을 배워야 할까요

편 데이터 과학자가 되고 싶은 청소년은 무엇을 먼저 배우면 좋을까요?

김 요즘엔 프로그래밍 언어를 몰라도 자연어로 코딩을 할 수 있기 때문에 프로그래밍을 배우지 않아도 된다고 생각할 수도 있을 거예요. 그래도 저는 프로그래밍을 배우는 게 좋다고 생각해요. 이걸 배우면 컴퓨터가 어떻게 사고하고 어떻게 정보를 처리하는지 이해할 수 있거든요. 이것을 컴퓨팅 사고력이라고 하는데요. 프로그래밍 언어를 배우는 목적이 바로 컴퓨팅 사고력을 이해하는 것이어야 해요. 코딩을 배우면서 영어단어 외듯이 프로그래밍 언어를 외우는 게 아니라 컴퓨터가 어떻게 작동하는지 그 원리를 깨우치자는 거예요. 이제 우리는 AI와 함께 살아갈 거예요. AI가 인격체는 아니지만 인간과 대화를 나누고 인간에게 지식과 정보를 제공하는 존재가 되었어요. 우리가 누군가와 대화를 한다면 그 사람이 어떤 사람인지 알고 있을 때 신뢰가 생기고 대화를 더 잘할 수 있잖아요. AI와도 마찬가지예요. 그래서 AI가 어떻게 사고를 하고 있고, 어떻게 발전해 왔고, 지금은 어떤 단계인지 알면, 앞으로 어떤 방향으로 발전할 거라는 예측도 가능하죠. 이렇게 우리가 대화하는 AI를 알아야 더 잘 쓸 수 있을 거예요.

편 2025년부터 초등학교와 중학교에서 코딩과 인공지능 교과를 배울 수 있다고 해요. 이런 교육이 데이터 과학자가 되는 데 도움이 될까요?

김 중국에서는 이미 초등학교 때부터 코딩과 인공지능을 정규과목으로 가르치고 있어요. 그것에 비하면 우리나라는 좀 늦었지만 디지털 교육이 강화되면 앞으로 필요한 인재가 더 많이 발굴될 거예요. 사실 코딩은 이제 우리가 수학을 배워 그 원리를 익히듯이 디지털 세상의 원리를 이해하는 데 필수가 되었다고 생각해요. 이런 기초교육에 더해 컴퓨터 공학의 기본 지식도 배우면 더 좋을 것 같아요. 예를 들어 자연어가 들어가면 컴퓨터는 이걸 숫자로 변환해서 이해하고, 숫자를 다시 자연어로 처리하잖아요. 이 과정을 이해하는 것이 컴퓨터 공학의 기본적인 지식이에요. 그리고 컴퓨터의 진화에서 가장 중요한 것은 컴퓨터 알고리즘의 발명이에요. 여러분은 지금 알고리즘이라고 하면 AI 알고리즘을 떠올릴 텐데, 그 이전에 컴퓨터에서 계산하는 방식이나 데이터를 저장하는 방식에 사용되는 알고리즘이 나왔어요. 컴퓨터 안에서 작동하는 알고리즘을 이해하려면 역시 컴퓨터 공학을 알아야 하죠. 컴퓨터 알고리즘을 데이터 과학자도 알아야 하는 이유가 있어요. 데이터 과학자는 데이터를 효율적으로 저장하는 방법도 알고 있어야 해요. 그건 컴퓨터 알고리즘의 영역이에요. 그래서 컴퓨터 공학의 기초지식을 쌓는 것도 중요하죠.

편 컴퓨터 공학의 기본적인 지식이 도움이 된다고 하셨어요. 학생들이 잘해야 하는 과목은 무엇이 있을까요?

김 중고등학교에서 배우는 과목 중에서 가장 큰 도움이 되는 것은 수학이에요. 수학이라는 과목 안에는 여러 분야가 또 있는데요. 그 중에서 데이터 과학자가 꼭 알아라 하는 분야는 통계와 관련한 것들이에요. 학문을 공부하듯 깊이 있게 알 필요는 없지만 기초적인 지식은 쌓아야 해요.

얼마 전에는 제프딘, 얀 르쿤, 샘 알트만 등 AI와 관련된 빅테크의 유명 인사들이 AI 시대를 대비하기 위해 미적분, 확률, (선형)대수학 등의 기초 수학 교육을 공교육에 필수적으로 제공하라는 성명서를 내기도 했어요. 그만큼 AI 시대에는 수학이라는 언어를 이해하는 것도 큰 도움이 될 거예요.

청소년 시절에 어떤 경험을 하면 좋을까요

편 청소년 시절에 어떤 경험을 하면 좋을까요?

김 만약 머신러닝도 좀 알고 코딩도 할 줄 안다면 경진대회에 나가보는 게 좋겠어요. 캐글Kaggle이라는 플랫폼이 있어요. 2010년 설립된 예측모델 및 분석 대회 플랫폼으로 머신러닝 및 데이터 사이언스 커뮤니티죠. 캐글에 각종 기업이나 단체들이 상금을 걸고 데이터와 해결과제를 등록하면 데이터 과학자들이 과제를 해결하기 위해 경쟁해요. 경쟁에 참여하는 사람들은 데이터 과학자도 있지만 중고등학생들과 대학생들도 많이 참여해요. 누가 되었든 나만의 알고리즘을 만들어서 문제를 풀기만 하면 되거든요. 평가도 단순해요. 제출한 결과를 기업에서 실제로 사용해 보고 점수를 매겨서 판단하죠. 참가자의 전공이나 경력 같은 것은 의미가 없어요. 경진대회에 참여해 보는 경험이 좋은 건 상을 떠나서 머신러닝을 학습하는 기회가 되기 때문이에요. 기업들은 실제 사용하는 엄청난 양의 데이터를 개인정보처리를 해서 올리거든요. 보통 사람들이 그런 엄청난 양의 데이터를 모을 수도 없으니까 이런 대회를 활용해 학습도 하는 거죠.

편 경진대회의 예를 하나 들어주세요.

김 넷플릭스 프라이즈 경진대회는 기업들이 데이터 과학 경진대회를 활용하는 좋은 예죠. 2006년 넷플릭스는 '넷플릭스 프라이즈'라는 기술 콘테스트를 개최했어요. 목표는 기존의 추천 시스템인 '시네매치'의 품질을 10% 개선하는 것이었고, 이를 달성한 사람에게 100만 달러의 상금을 제공한다는 거였어요. 이 대회는 전 세계에서 4만 팀 이상이 참여하는 열기를 불러일으켰고, 많은 혁신적인 아이디어와 모델이 제안되었어요. 실제로 넷플릭스는 이 대회에서 우승한 모델을 자신들의 서비스에 직접 통합하지는 않았어요. 우승 모델은 매우 복잡했고, 넷플릭스의 실제 운영 환경에 적용하기에는 여러 가지 제약이 있었거든요. 대신 넷플릭스는 이 대회를 통해 얻은 아이디어와 기술적 통찰을 자사의 시스템과 서비스에 부분적으로 통합하고 발전시켜나갔어요. 넷플릭스 프라이즈의 중요한 성과는 많은 데이터 과학자들과 연구자들이 참여해 새로운 접근 방식과 알고리즘을 실험하고 공유한 거예요. 이 경진대회는 데이터 과학 분야에 큰 관심을 불러일으켰으며, 데이터 과학과 머신러닝 분야의 발전에 기여한 중요한 사례로 남았죠.

현재는 삼성을 비롯한 여러 기업에서도 경진대회를 활용하고 있고, 외국 기업들은 우리나라보다 훨씬 더 많이 이런 대회

를 열어요. 얼마 전에 뱅크 오브 아메리카^{Bank of America}에서 대회를 열었는데요. 상금은 물론이고 1등하면 면접을 통해 취업의 기회를 준다는 조건도 걸었었죠. 관심을 가지고 찾아보면 청소년들이 참여할 수 있는 대회는 생각보다 많아요.

이 일을 하려면 어떤 자질이 필요할까요

이 일을 하려면 어떤 자질이 필요할까요?

호기심이 많으면 좋겠어요. 호기심이 없이 데이터를 보면 그냥 의미 없는 숫자와 코드들일 뿐이에요. 그런데 호기심이 있으면 데이터를 보면서 의문을 가지게 돼요. 의문을 가지고 데이터를 보면 어떤 패턴이 있다는 것이 보일 거예요. 그러면 이런 패턴이 의미하는 것을 찾아보게 되고, 이런 패턴을 보이면 어떤 결과가 나올 것이라는 것도 예측할 수 있죠. 그래서 호기심은 탐구 정신과 연결되는 것 같아요. 궁금한 것이 생기면 자꾸 찾아보고, 여러 가지 변수를 넣어서 데이터를 분석해 보는 원동력이 탐구 정신이니까요. 그리고 중요한 건 배우는 것을 좋아해야 해요. 데이터 과학자는 연구소에서만, 어느 특정 기업이나, 어느 한 분야에서 일하지 않는 경우가 많아요. 한 곳에서 오래 일하는 것도 나쁘진 않지만 여러 분야의 데이터를 다룰 수 있으면 개인적으로 더 발전할 수 있는 일이에요. 그래서 새로운 데이터를 분석하는 관심이 가는 분야가 있다면 새로운 시도를 보는 것도 좋아요. 그렇지만 새로운 것을 학습하는 게 즐겁지 않다면 여러 분야의 일을 할 수는 없을 거예요. 앞에서도 얘기했지만 새로운 분야에서 일을 하려면 그 분야에 대한 학습을 해야 하거든요. 이 일에서 호기심, 탐구심, 학습 능력은 서로 연결되어 있다고 할 수 있겠네요. 부차적으로는 집중력도 필요하고 꼼꼼함도 필요하죠. 하지만 이 일은 늘 새로운 시도를 하는 일이라 항상 똑같은 일을 규칙적으로 하기를 좋아하는 사람에게는 맞지 않을 수도 있어요.

이 일에는 어떤 성격이 적합할까요

편 이 일을 하기 위해 어떤 성격을 가지면 더 좋을까요?

김 이 일은 혼자 일하는 시간이 많지만 다른 부서와 협력할 일도 많아요. 비즈니스 팀에서 어떤 과제를 주면 데이터를 분석하고 해결 방안을 내는 과정에서 서로 소통하는 시간을 가져요. 데이터 과학자 혼자서 독단적으로 문제의 원인은 이것이고, 해결 방법은 이것이라고 제시하는 게 아니에요. 데이터 과학자는 여러 방안을 제시하고 테스트도 하지만 결국 비즈니스의 목표에 맞는 선택을 하는 사람들은 따로 있어요. 데이터 과학자는 문제 해결에 도움을 주는 사람들이지 사업을 직접 하는 사람은 아니니까요. 그래서 다른 사람들의 의견을 수용하고 대화하는 소통 능력이 필요해요.

유리한 전공이 따로 있나요

편 어떤 전공이 유리할까요?

김 AI 학과가 가장 좋겠죠. 2018년에 미국의 카네기 멜론 대학에서 학부에 AI 학과를 최초로 개설했고, 이후에 많은 대학들에 개설되었어요. 우리나라 대학에서는 2019년에 여러 대학에서 대학원에 AI 학과를 먼저 개설했고, 2020년부터 학부에 AI 학과가 생겼어요. 인공지능학과나 데이터 사이언스학과 등도 이름은 다르지만 학문의 분야는 같다고 봐요. 또 컴퓨터 공학과에서는 세부 전공으로 AI를 다루기도 하죠. 수요가 워낙 많으니까 해마다 AI와 관련된 학과를 신설하는 대학들이 나오고 있는 추세라고 보면 되요.

초기의 데이터 과학자들은 컴퓨터 공학 전공자들이 많았지만 통계학이나 수학을 전공한 사람들도 많았고, 물리학 계통의 전공자들도 있었어요. 모두 데이터를 다루는 학문이라는 공통점이 있었죠. 그렇지만 각기 다른 전공을 한 사람들이라 컴퓨터 공학에 대한 이해가 필요해서 따로 공부해야 했어요. 그런데 지금은 AI 학과에서 컴퓨터 공학과 수학, 통계학 등을 체계적으로 배울 수 있으니 전공으로 선택하면 더 좋을 거예요.

편 다른 전공을 하면 불리한가요?

김 꼭 그렇지도 않아요. 이 분야는 학력과 전공에 상관없이 실력만 있으면 원하는 일을 할 수 있어요. 그래서 고등학생일 때 경진대회에 나가서 수상한 경력이 있거나 실력을 검증할 수 있는 포트폴리오가 있으면 관심 있는 기업이나 단체에 들어갈 수 있죠. 전공도 마찬가지예요. 기본적으로 데이터를 다룰 수 있는 실력이 있으면 다른 전공을 해도 괜찮다고 생각해요. 실제로 사회과학이나 경제학, 사회학 분야를 전공한 사람들도 데이터 과학자로 활동하는 경우가 많아요. 그런 학문도 연구할 때 결국 데이터를 가지고 하거든요. 요즘엔 철학에서도 데이터를 활용하는 분야가 생겼다니까, 어느 학문의 어느 분야든 데이터 과학으로 넘어올 수 있죠.

편 그럼 전공자와 비전공자의 차이는 크게 없다고 봐도 될까요?

김 이 분야의 역사가 그렇게 오래되지 않아서 지금 여러 가지 형태로 발전하면서 분화하고 있어요. 그래서 어느 쪽이 더 유리하다, 불리하다고 판단하는 것은 어려울 것 같아요. 그런데 어떤 전공을 하든 많은 양의 데이터를 다뤄볼 수 있는 기회가 주어지는지는 따져봐야 해요. 그런 면에서 AI 학과나 대학원이 더 좋은 조건일 수 있어요. 이런 학과에서는 대학에서 제공하는 컴퓨팅 리소스를 학생들에게 제공해요. 국가나 기업의 지원을 받는 대학의 경우는 더 많은 데이터를 다뤄볼 수 있는 기회가 있으니까요.

그리고 요즘엔 의료나 금융 관련한 전공자들이 AI를 따로 배우기도 해요. 의료는 의표 통계와 같은 과목을 개설해 관심 있는 학생들이 의료 AI에 대해 배우기도 하고, 금융 쪽에서는 금융 AI를 개발하는 과목을 개설하고 있어요. 저도 대학에서 금융 AI에 대해 강의하고 있거든요. 앞으로는 데이터를 다루는 학과들에서 AI와 관련한 지식을 쌓을 것 같아요. 의료 분야의 경우 의료에 특화된 인공지능을 만든다든가, 인공지능이라는 툴을 활용해 의료 방식을 개선하는 방안을 적극적으로 추진하고 있는 것으로 알고 있어요. 또 사회문제를 해결하기 위해 AI를 활용할 수도 있기 때문에 어떤 전문 분야에서든 AI를 활용할 수 있는 가능성은 열려 있죠.

편 AI를 활용할 수 있는 분야가 넓어진다는 말씀이시네요.

김 지금은 인공지능 툴이 거의 완성형이에요. 예전에는 이 툴을 만든 데 데이터 과학자들이 필요했다면 지금은 완성형 툴을 활용하는 쪽에서 수요가 더 많아요. 툴을 만들지는 못해

다양한 AI 회의에 참석

도 툴을 활용할 줄 알면 어느 분야라도 사용할 수 있거든요. AI 라는 공통 분모 위에 어떤 분자를 놓는가의 문제인 거죠. 그래 서 청소년들이 대학에 진학할 때 AI 관련 학과를 가는 것도 좋 고, 관심 있는 분야를 전공해서 AI를 접목해도 좋을 것 같아요.

이 분야의 일과 관련한 자격증이 있나요

🔵편 이 분야의 일을 하기 위해 갖춰야 할 자격증이 있을까요?

🔵김 국가 공인 자격증 같은 것은 없고 마이크로소프트나 구글, IBM 등에서 자체적으로 만든 자격증은 있어요. 이런 자격증은 취업하는데 필수적인 것은 아니에요. 그렇지만 자격증을 따기 위한 공부가 모두 데이터 과학자로서 알아야 할 것들이라 지식을 정리하는 차원에서 활용할 수는 있어요. 여기서는 몇 가지 자격증을 소개할게요. 먼저 '데이터분석 전문가^{ADP} / 준전문가^{ADsP}' 자격증이 있어요. 한국 데이터산업진흥원에서 주관하는 이 자격증은 데이터 분석의 기본적인 이론과 기술을 평가해요. 데이터 분석 방법론, 통계적 분석, 데이터 처리 기술 등에 대한 지식을 검증하죠. 'AWS Certified Machine Learning – Specialty' 자격증은 AWS 클라우드 환경에서 머신러닝 모델을 성공적으로 구축, 훈련, 튜닝 및 배포할 수 있는 능력을 인증하는 거예요. 머신러닝과 딥러닝의 개념, AWS의 머신러닝 서비스 활용, 머신러닝 프로젝트의 수행 등을 평가해요.

마이크로소프트에서 제공하는 'Microsoft Certified: Azure Data Scientist Associate'도 있어요. 이 자격증은 Azure 클라우드 서비스를 사용하여 데이터 과학 솔루션을 구현하는 능력을 평가하고, 클라우드 기반 데이터 과학과 빅데이터를 다루는 데 중점을 둡니다. 또 'Google Professional Data Engineer' 자격 증은 구글 클라우드 플랫폼에서 데이터 처리 시스템을 설계, 구축, 운영, 최적화하는 능력을 인증해요. 이 자격증은 구글 클라우드의 데이터 서비스와 머신러닝 도구를 효과적으로 사용하는 데 중점을 두죠. 그리고 'IBM Data Science Professional Certificate'라고, IBM이 제공하는 이 자격증은 데이터 과학의 기본적인 개념부터 시작하여, 데이터 분석, 머신러닝, 데이터 시각화 등의 주제를 다뤄요. Coursera를 통해 온라인으로 과정을 이수하고 인증을 받을 수 있어요.

유학이 필요할까요

편 유학이 필요할까요?

김 요즘엔 국내에서 실력을 쌓은 사람들이 국제대회에서 좋은 성적을 내는 경우도 많아요. 다만 조금 더 욕심을 낸다면 해외에 나가서 공부하는 것도 좋을 것 같아요. 한국도 잘하고 있긴 하지만 AI 교육 방면에서는 좀 뒤처지고 있기는 해요. 사실 한국 학생들이 국제적인 경진대회에서 상도 많이 타는 등 개인적으로는 뛰어난 재능을 펼치고 있지만 보편적인 교육으로 보면 미국이나 중국이 더 경쟁력 있는 교육 환경을 가지고 있어요. 한국의 경우 데이터에 대한 규제가 엄격한 편이라 다양한 시도를 못 하는 경우도 있어요. AI 분야는 국가의 규제와 지원에 따라 영향을 받아요. 그래서 이 분야에서 뭔가를 이뤄내고 싶다, AI의 발전에 기여하고 싶다는 큰 뜻이 있다면 유학을 가는 것도 좋겠죠. 이건 개인의 선택인 것 같아요.

영어를 잘해야 하나요

편 영어를 잘해야 하나요?

김 영어가 필수는 아니에요. 하지만 인공지능 툴이나 프로그램이 영어로 개발되니까 이 분야에서 쓰이는 영어는 알고 있어야 하죠. 현재 자연어를 이해하는 인공지능이 나왔는데 기본 언어가 영어이기 때문에 영어로 의사소통이 가능하면 좋을 거예요. 데이터 과학자는 여러 경로로 새로운 지식과 정보를 얻어요. 대표적으로는 최신 논문이 있고, 커뮤니티 활동이 있어요. 논문은 우리나라보다 기술 수준이 높은 외국에서 더 많이 나와요. 대부분 영어로 되어 있죠. 또 커뮤니티 활동도 국적에 상관없이 전 세계 사람들이 참여하니까 소통하는 언어는 영어 중심이고요. 이렇게 이야기하고 보니 영어를 알아야 빠르게 변화하고 발전하는 이 분야의 속도를 따라잡을 수 있을 것 같네요.

데이터 과학을 공부하려는 학생들에게
추천하고 싶은 로드맵이 있다면

편 데이터 과학을 공부하려는 사람들에게 어떤 공부 로드맵을 추천하시나요?

김 데이터 과학이라는 건 굉장히 넓은 분야잖아요? 여기에는 데이터 엔지니어링부터 시작해서 수학, 통계, 프로그래밍, 데이터를 어떻게 다루고 추출하는지, 그리고 분석 결과를 어떻게 이야기로 풀어내는지까지 포함돼요. 온라인상에서 유명한 데이터 과학 로드맵 그림을 가져와 봤어요. 참고하면 도움이 될 겁니다.

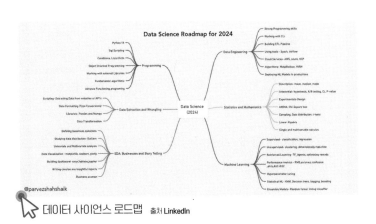

데이터 사이언스 로드맵 출처 LinkedIn

이 로드맵에 의하면 데이터 과학의 학습 경로는 크게 데이터 엔지니어링, 수학 및 통계, 프로그래밍, 데이터 추출 및 처리, 그리고 탐색적 데이터 분석EDA 및 비즈니스 스토리텔링으로 나뉩니다. 이 영역들은 데이터 과학의 핵심을 이루며, 각각의 영역이 서로 밀접하게 연결되어 있어요.

- 데이터 엔지니어링은 데이터를 수집하고, 처리하고, 저장하는 방법에 대해 배웁니다. 이는 데이터 과학의 기반을 마련해요.

- 수학 및 통계는 데이터를 이해하고 분석하는 데 필요한 이론적 배경을 제공합니다.

- 프로그래밍은 데이터 분석과 모델링을 실행하기 위한 실질적인 도구입니다. Python이나 R 같은 언어가 여기에 속해요.

- 데이터 추출 및 처리는 데이터를 분석할 준비가 되도록 만드는 과정이며, 여기에는 데이터 클리닝과 변환 작업이 포함돼요.

- 마지막으로, EDA 및 비즈니스 스토리텔링은 분석 결과를 이해하고, 그 의미를 다른 사람들과 공유하는 방법을 배웁니다.

이 모든 걸 한 번에 다 잘하려고 하면 압도될 수 있어요. 그래서 많은 데이터 과학자들이 처음에는 자기가 관심 있는 2-4가지 영역에 집중하곤 하죠. 누구는 프로그래밍과 데이터 분석에 더 초점을 맞출 수도 있고, 누군가는 머신러닝 모델링에 더 관심을 가질 수도 있어요. 하지만 경력이 쌓이면서 다른 영역에 대해서도 알아가는 게 중요해져요. 저는 처음에는 주로 데이터 분석과 프로그래밍에 집중했었어요. 하지만 시간이 지나면서 데이터 엔지니어링의 기초, 그리고 비즈니스 스토리텔링 방법 등도 배우게 됐죠. 사실 이 모든 영역이 서로 엮여 있어서, 한 영역을 이해하면 다른 영역도 이해하기가 더 쉬워지더라고요.

그래서 제가 얘기하고 싶은 건, 모든 걸 한 번에 다 잘하려고 하지 말고, 관심 있는 몇 가지에 집중해서 시작하라는 거에요. 그리고 나서 조금씩 다른 영역으로 확장해 나가는 거죠. 그리고 기억하세요, 데이터 과학은 계속 배워나가는 과정이에요. 새로운 기술과 방법론이 계속 나오니까요. 그 과정 자체를 즐기시면 좋겠어요!

데이터 과학자는 어떻게 해야 될 수 있나요

 어떻게 하면 데이터 과학자가 될 수 있나요?

 데이터 과학자가 되는 경로는 여러 가지예요. 앞에서 전공이나 학력이 중요하지 않다고 했는데요. 개인의 능력으로 캐글이나 기업에서 개최하는 경진대회에서 1등을 했다면 이 경력을 바탕으로 데이터 과학자로 일할 수 있어요. 꼭 경진대회가 아니더라도 어떤 기업에 필요한 알고리즘을 만들어서 제안하는 경우도 있어요. 예를 들어 환경에 관한 데이터를 구해서 수질을 개선하는 알고리즘을 만들었다고 해봐요. 그러면 이와 관련한 회사에 제안을 해 보는 거죠. 그 회사에서 검토했더니 필요한 알고리즘이라고 판단되면 채용이 될 수도 있고, 프로젝트를 따서 할 수도 있어요. 이렇게 적극적으로 자신의 커리어를 만들어 갈 수 있죠. 그런데 문제는 데이터를 구하는 거예요. 기업은 축적한 데이터를 쉽게 공개하지 않아요. 그럴 때는 개인적인 노력을 들여서 관련 데이터를 모으는 방법이 있고, 아니면 캐글 같은 곳에 공개되어 있는 데이터를 쓸 수도 있어요. 사실 개인이 기업과 관련한 데이터를 모으는 것은 쉽지 않아요. 그래서 경진대회에 등록된 데이터를 가지고 이렇게도 해보고 저렇게도 해보면서 아이디어를 내는 거죠. 이렇게 적극적이고 주도적인 사람은 당연히 잘 될 수밖에 없어요.

그런데 모든 사람이 그렇지는 않잖아요. 그럴 때는 여러 사람이 선택하는 길을 함께 가는 것도 좋아요. 바로 대학원에 진학하는 건데요. 대학원이 좋은 이유는 데이터 리소스가 제공된다는 거예요. 요즘엔 기업들이나 기관들에서 대학원과 연계해 프로젝트를 진행하는 경우가 많아요. 이런 프로젝트에 참여하는 게 곧 데이터 과학자로서 경력을 쌓는 과정이에요. 현재 데이터 과학자로 일하고 있는 사람들의 대다수가 석사, 박사 출신들이에요.

데이터 과학자가 되기 위한
경력은 어떻게 쌓는 건가요

편 경력이 없으면 기업에서 데이터 과학자로 채용하지 않는 경우가 많다고 들었어요. 이럴 때는 어떻게 경력을 쌓을 수 있나요?

김 기업에서 데이터 과학자를 채용할 때 신입을 뽑는 경우는 거의 없어요. 석사학위를 받고 경력이 3년 이상인 사람, 박사학위를 받고 경력이 2년 이상인 사람, 또는 이 분야의 경력이

늘어나고 있는 데이터 과학 석사 프로그램

3년 이상인 사람과 같은 조건이 붙어요. 그래서 현장에서는 석사 이상의 학위를 가진 사람들이 많아요. 학위만 있다고 채용되는 건 아니고 경력도 쌓아야 해요.

편 데이터 과학자를 채용한 곳이 많은가요?

김 요즘에는 기업에서 데이터 과학자의 수요가 많아 채용하는 경우가 많아요. 직접 채용은 아니더라도 계약직으로 프로젝트에 참여하는 경우도 있고요. 채용의 형태도 다르지만 소속된 회사의 환경에 따라, 프로젝트의 성격에 따라 하는 일도 다를 수 있어요. 회사의 규모가 큰 경우 데이터 엔지니어와 데이터 분석가, 데이터 과학자를 따로 채용하기 때문에 각자 본연의 임무를 수행하면 돼요. 그런데 규모가 작은 회사는 데이터 과학자가 엔지니어와 분석가의 역할을 같이 할 수도 있어요. 특히 데이터를 기업의 환경에 맞게 저장하거나 가져올 수 있도록 처리하는 것은 데이터를 다루는 업무에서 기본적인 일이면서 중요한 것인데, 이게 엔지니어의 역할이에요. 엔지니어가 따로 없는 경우 데이터 과학자가 데이터 파이프라인을 만드는 업무도 하고, 또 분석가의 업무도 할 수 있어요. 데이터 과학자는 이 모든 업무를 수행할 수 있는 기본 지식이 지식이 있으니까 가능한 일이죠.

이 일을 처음 시작하는 사람들이라면 규모가 작은 기업이나 스타트업에 들어가 세 분야의 일을 모두 해 보는 것도 좋은 경험이 될 거예요. 세 분야의 일이 겹치는 부분이 있고 특화된 부분이 있어서 각자의 분야에서 하는 일을 알고 있어야 하니까요. 데이터 엔지니어는 기술적인 분야라 데이터를 모를 수 있어요. 그래서 과학자와 분석가가 엔지니어와 협업해서 원하는 방향으로 데이터의 흐름을 만들어 내야 할 때도 종종 있어요.

기업이 원하는 채용 조건을
잘 따져봐야 할 것 같아요

편 데이터 과학자는 다루는 데이터에 따라 구체적으로 하는 일이 달라지는 것 같아요. 기업들이 어떤 데이터 과학자를 찾는지 알아보는 방법은 무엇인가요?

김 채용 공고를 보는 것은 데이터 과학자로서 어떤 역할과 스킬이 요구되는지 파악하는 데 정말 좋은 방법이에요. 원티드나 LinkedIn 같은 사이트에서는 다양한 기업의 데이터 과학 관련 채용 공고를 쉽게 찾아볼 수 있어요. 이런 사이트들은 검색 기능도 잘 되어 있고, 키워드를 사용해 관심 있는 분야의 공고를 특정할 수 있죠. 채용 공고에는 일반적으로 담당 업무, 필요한 기술 및 자격 요건 등이 상세하게 설명되어 있어요. 예를 들어, 데이터 분석, 머신러닝 모델 개발, 데이터 처리와 관련된 프로그래밍 언어 숙련도 등이요. 이런 정보들은 고등학생이라도 충분히 이해할 수 있도록 작성되어 있어서, 어떤 준비와 공부가 필요한지를 미리 알아볼 수 있어요.

물론 처음에는 모든 용어나 요구사항이 바로 이해되지 않을 수도 있어요. 하지만 관심 있는 분야에 대해 꾸준히 공고를 살펴보면서, 모르는 용어나 기술에 대해 검색하고 학습하는 과정을 통해, 점차 업계가 요구하는 기술과 역량에 대한 이해도를 높일 수 있어요. 이런 활동은 나중에 실제로 데이터 과학자가 되기 위한 목표를 설정하고, 그 방향으로 준비하는 데 큰 도움이 될 거예요.

🔵편 채용 공고를 보면서 미래의 직업에 대해 준비하는 것이 중요하다고 말씀하셨는데, 주의해야 할 점이 있다면 무엇일까요?

🔵김 채용 공고를 보는 것은 미래의 직업에 대해 준비하는 데 정말 중요한 일이지만, 몇 가지 주의해야 할 점이 있어요. 첫 번째로, 기술과 직업 시장은 정말 빠르게 변화하고 있어요. 그래서 채용 공고를 볼 때는 단순히 지금 현재의 요구사항만 보는 것이 아니라, 어떤 방향으로 변화하고 있는지도 주의 깊게 살펴봐야 해요. 특히 고등학생이라면, 아직 대학교까지 시간이 많이 남았기 때문에 더욱 그렇죠. 지금 보는 채용 공고가 몇 년 뒤에는 완전히 다른 모습일 수도 있어요. 그렇기 때문에, 제가 강조하고 싶은 것은 바로 직업에 대한 관심도예요. 갑자기 대학 가서 전공을 따라 직업을 선택하기보다는, 미리 '내가 무슨 일을 하고 싶은지', '이런 직업은 무엇을 하고, 저런 직업은 무엇을 하는지'에 대해 알아보는 것이 중요해요.

[담당업무]
빅데이터 기반 상품 추천 모델링, 유저 세그먼트 추출, 스코어 모델, 예측 모델 개발
Raw Data의 효율적 정제 및 데이터 구조 정의, 데이터 파이프라인 개발
데이터 분석, 설계, 모델링, 데이터마이닝
빅데이터 기반 고객 행동 패턴 및 상품 구매 요인 분석/인사이트 도출

자격요건

관련 업무 경력 8~15년 (데이터 모델링 상용화 , 개발역량 등)
Machine Learnig 활용 데이터 분석 가능
python, JAVA 개발 가능자
다양한 분석 툴(SQL, R 등) 활용 가능
상용화 서비스 개발 및 운영
고객/상품/브랜드 분석 및 비즈니스 관련 인사이트 도출 경험

우대사항

· 관련학과(수학, 통계, 전산, 데이터 분석) 전공자 우대
· ML 관련 서비스 개발 및 운영 경험자 우대
· 추천 서비스 시스템 개발 및 운영 경험자 우대
· Agile 업무 환경(Scrum, Sprint, Squad 등) 경험자 우대

[기타 안내사항]
※ 전형 안내
· 서류전형 - 1차면접 - 온라인 인성검사 - 2차면접 - Reference Check - 처우전형/건강검진 - 합격

 이커머스 플랫폼 (올리브영)의 시니어 데이터 사이언티스트 공고 예시
출처 **윔티드**

주요업무

- 고객의 주문접수 시점부터 배달완료까지 소요되는 배달시간을 예측합니다.
- 비즈니스 도메인 관점에서 프로덕트 목표에 맞는 문제를 정의하고 문제에 적합한 알고리즘 및 모델을 개발합니다.

자격요건

- 수학/통계/산업공학/ML/DS/OR 관련 전공자 또는 그에 준하는 강한 수학적 백그라운드와 경험을 갖추신 분
- 통계적 접근법과 Operation Research/머신러닝에 대한 높은 이해력을 보유하신 분
- 최신 논문을 읽고 이를 빠르게 구현하여 직면한 비즈니스 문제를 해결할 수 있는지 검증할 수 있는 능력
- 3년 이상의 실무 경험 및 원천 데이터를 탐색, 검증, 취합하는 단계부터 모델의 구현, 학습, 서비스 적용까지 처리할 수 있는 분
- 명확한 의사소통 능력이 있으며 끈기와 책임감을 가지고 문제에 도전하는 분
- 문제 해결 능력이 뛰어나신 분

우대사항

- 문제 해결에 필요하다면 분야를 가리지 않고 기술을 습득하려는 의지와 욕심이 있는 분
- 확률 과정(Stochastic Process)에 대한 경험을 보유하신 분
- 자신의 지식과 기술을 단지 연구에만 그치지 않고 실제 서비스까지 연결시키는 과정을 경험을 하고 싶은 분
- 시각화, 모델 최적화, 프로파일러, 서빙, 프로덕션 파이프라인 등의 툴 생태계 활용 경험이 있는 분
- Hadoop, Spark 등의 빅데이터 플랫폼 활용 경험 또는 대용량 데이터 분산 처리에 대한 이해
- AWS, GCP 등 클라우드 서비스 사용 경험
- 퀵커머스 및 시간 예측에 대한 높은 수준의 지식을 보유하신 분

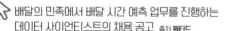

배달의 민족에서 배달 시간 예측 업무를 진행하는
데이터 사이언티스트의 채용 공고 출처 **원티드**

예를 들어 마케터의 경우도 한때는 전통적인 마케팅 기술만 요구됐었지만, 요즘은 데이터 분석 능력도 필수가 됐죠. 이처럼 직업마다 요구하는 역량이 계속해서 변화하고 있는데, 이런 변화를 Job posting을 통해 꾸준히 관찰하다 보면 내가 하고 싶은 일의 시장이 어떻게 변하고 있는지 알 수 있어요. 그리고 이런 변화를 미리 캐치하고 준비하는 것이 중요해요. 정보를 쉽게 얻을 수 있는 시대에 살고 있으니, 이를 활용해서 미래에 자신이 하고 싶은 일에 대해 더 많이 알아보고, 그 분야가 요구하는 역량을 미리미리 준비해 나가면 좋겠어요. 결국 미래에 대한 준비는 지금부터 시작하는 것이니까요.

이 직업에 관한 정보는 어떻게 얻을 수 있나요

편 데이터 과학에 관심있는 청소년이라면 정보를 얻는 방법도 궁금할 것 같아요. 이런 정보는 어디서 얻을 수 있나요?

김 데이터 과학 프로젝트는 데이터가 있고 컴퓨터만 있으면 누구나 할 수 있는 것이라서 어떻게 생각하면 굉장히 쉽게 접근할 수 있는 분야예요. 그런데 무엇을 먼저 할지 잘 모르겠다면 커뮤니티에 들어가서 활동하는 것도 한 방법이라고 추천해요. 앞에서도 말한 캐글은 커뮤니티도 활성화되어 있어요. 가입해서 모르는 것이나 관심 있는 것에 대해 질문을 하면 여러 사람이 답을 해주죠. 예를 들어 이제 막 데이터 과학을 시작하려는 학생인데 책을 추천해달라든가, 어떤 문제를 풀고 있는데 어렵다고 얘기할 수도 있어요. 그러면 대학생들이나 기업에 다니고 있는 선배들이 답을 해주거든요. 그런 커뮤니티에서는 멘토를 찾는 것도 쉬워요. 적극적이고 주도적으로 활동하는 사람들도 많아서 함께 프로젝트도 하며 실력을 키워나가죠.

편 기업마다 같은 타이틀이라도 실제로 맡게 되는 업무가 다를 수 있고, 요구하는 기술도 다를 수 있다고 하셨어요. 청소년

이 성인이 되어 직장을 구할 즈음에는 변화가 있을 수도 있잖아요. 그럴 때를 대비해서 평소에 어떻게 정보를 알아보면 좋을까요?

김 가장 좋은 방법은 직접 job posting을 자주 확인하는 거예요. 보통 job posting에는 데이터 과학자에게 요구하는 역할과 기술, 그리고 업무 내용이 회사마다 상세하게 적혀 있거든요. 그래서 평소에 관심 있는 회사들이 어떤 데이터 과학자를 찾고 있는지, 또 어떤 일을 하게 될지 등을 유추해볼 수 있죠. 또 하나의 방법은 LinkedIn 같은 플랫폼을 활용하는 거예요. LinkedIn에서는 내가 관심 있는 회사에 다니는 선배나 동료들을 찾아볼 수 있고, 실제로 그들에게 메시지를 보내 커피 챗을 신청할 수도 있어요. 이런 직접적인 대화를 통해, 그 회사에서 데이터 과학자가 어떤 역할을 하고, 어떤 기술이 중요한지, 회사 문화는 어떤지 등을 더 심층적으로 이해할 수 있죠.

이렇게 직접적인 정보 수집 방법 외에도, 관련 커뮤니티나 포럼, 웨비나 등에서도 많은 정보를 얻을 수 있어요. 예를 들어 데이터 과학에 관한 웨비나나 온라인 세미나에 참여하면, 현재 업계에서 어떤 스킬이나 역량이 중요한지, 그리고 다양한 기업의 데이터 과학자들이 어떤 프로젝트에 참여하고 있는지 등을 알 수 있죠. 결국 다양한 방법을 통해 정보를 수집하고,

그 정보를 바탕으로 내가 가고 싶은 방향을 설정하는 것이 중요해요. 그리고 무엇보다도 그 과정에서 스스로가 어떤 데이터 과학자가 되고 싶은지에 대한 명확한 비전을 가지는 것이 중요하다고 생각해요.

데이터
과학자가
되면

이 일을 하기 위해 노력하는 것이 있나요

편 이 일을 하기 위해 노력하는 것이 있나요?

김 새로운 지식을 공부하죠. 앞에서 이 일을 하기 위해 대학원에 가는 사람이 많고 기업에서도 석박사 출신들을 많이 뽑는다고 했는데요. 그 이유 중 하나는 논문을 봐야 하기 때문이에요. 이 분야는 학문적으로도 빠르게 발전하고 있어서 짧은 시간에 수많은 논문이 쏟아져 나와요. 그래서 논문을 보고 기술을 습득하는 능력이 필요하죠. AI 기술은 하루가 다르게 새로운 것들이 나오니까 늘 찾아보고 공부해야 해요. 만약 한 달 정도 관심을 끄고 찾아보지 않으면 뒤처지게 되요. 논문뿐만 아니라 커뮤니티에도 새 지식과 정보들이 많이 올라와요. 그런 커뮤니티에 가입해서 직접적인 활동은 적극적으로 하지 않더라도 항상 관심을 가지고 있어야 해요. 또 컨퍼런스에 참여하는 것도 중요해요. AI와 관련한 컨퍼런스는 정말 많이 열려요. 예를 들어 새로운 기술이 나오면 관련자들을 초청해 기술을 선보이는 행사들을 하는 거죠. 이런 기술이 나왔으니 써보라는 뜻이에요. 또는 여러 기업들과 연계해서 자기네 기술을 선보이며 채용의 기회로 삼기도 해요. 이 기술을 잘 활용하는 사람을 기업에서 채용하거든요.

요즘은 테크 블로그를 운영하는 기업도 많아요. 기술 블로그라고도 하는데요. 예를 들어 우아한 형제들이 운영하는 기술 블로그에는 배달 시간의 정확도를 높이기 위해서 회사가 어떤 노력을 하는지, 어떤 기술을 쓰고 있는지, 또 어떤 시행착오가 있었는지 그 과정을 보기 좋게 정리해서 올려놓아요. 이걸 하는 이유는 우리 회사는 이런 기술이 있는 뛰어난 회사라는 브랜드 이미지 전략이 있고, 한편으로는 좋은 개발자들이 관심을 가지고 지원하라는 뜻도 있어요. 그러니까 브랜딩을 하면서도 좋은 인재를 끌어 모으는 두 가지 목적이 있는 거죠. 브랜딩은 소비자들로 하여금 브랜드의 가치를 인지하게 하게끔 의도적으로 취하는 행동이에요. 소비자들에게 브랜드의 이미지를 각인시키고 감정을 움직여 제품이나 서비스를 선택하도록 하는 거죠. 광고나 홍보를 통해서도 브랜딩을 하지만 요즘엔 이런 기술 블로그를 통해서도 소비자에게 인지도를 높이고 브랜드의 신뢰를 쌓는 거예요. 이렇게 회사가 홍보의 목적으로 새로운 기술을 외부로 공개하면 저 같은 경우는 블로그에 들어가서 그게 어떤 기술을 썼는지, 새로운 게 있는지 관심을 가지고 보는 거죠. 변화가 빠른 일이라 최신 정보와 기술을 습득하는 것이 중요해요.

셀프 브랜딩은 무엇인가요

편 셀프 브랜딩은 무엇인가요?

김 셀프 브랜딩이란 말 그대로 자기 자신을 브랜드로 삼는 퍼스널 브랜딩이에요. 데이터 과학자에게 셀프 브랜딩이 중요한 이유는 몇 가지가 있어요. 첫 번째로, 데이터 과학 분야는 계속해서 발전하고 있는 신기술 분야이기 때문에 최신 트렌드와 기술에 대한 지식을 갱신하는 것이 필수적이에요. 기술 블로그나 콘퍼런스, 워크샵 등을 통해 이러한 정보를 공유하고 학습함으로써 자신의 기술적 역량을 강화할 수 있죠. 두 번째로, 셀프 브랜딩은 개인의 전문성과 경력을 널리 알릴 수 있는 방법이에요. 자신이 작업한 프로젝트나 연구, 기술적 해결책 등을 공개함으로써 다른 전문가들과 네트워킹을 할 수 있고, 자신의 역량을 인정받을 기회가 생기죠. 이것은 새로운 커리어 기회를 열어줄 수도 있고, 동시에 해당 분야에서의 영향력을 높일 수도 있어요. 마지막으로, 데이터 과학자로서 셀프 브랜딩을 통해 자신이 속한 조직이나 회사의 가치를 높일 수 있어요. 자신의 전문성을 통해 회사의 기술력과 혁신을 대외적으로 알리는 것은 회사의 브랜드 가치와 신뢰성을 높이는 데 도움이 됩니다. 이는 회사에도 긍정적인 영향을 미치며, 동시에 개인의 커리어 발전에도 기여하게 되죠. 이렇게 셀프 브랜딩은 데이터 과학자 개인의 전문성을 강화하고, 경력을 발전시키며, 소속 조직의 가치를 높이는 중요한 수단이 됩니다.

데이터 과학자의 미래는 어떨까요

[편] 데이터 과학자의 미래는 어떨까요?

[김] 지금 상태로만 봐도 일단 데이터가 많아지고 있고, 또 중요해지고 있어요. 그래서 데이터를 다루는 직업은 계속 성장할 수밖에 없죠. 예전에는 IT 기업에서만 데이터가 중요했다면 지금은 제조, 금융, 의료, 마케팅 등등 거의 모든 산업 분야에서 데이터가 갈수록 중요해지고 있어요. 신약을 개발할 때도 이제는 단순한 테스트가 아니라 AI를 활용해 다방면으로 테스

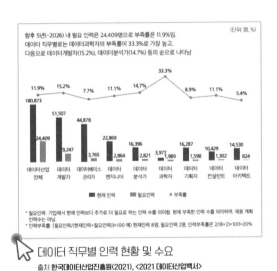

향후 5년(~2026) 내 필요 인력은 24,409명으로 부족률은 11.9%임.
데이터 직무별로는 데이터과학자 부족률이 33.3%로 가장 높고,
다음으로 데이터개발자(15.2%), 데이터분석가(14.7%) 등의 순으로 나타남

(단위: 명, %)

데이터 직무별 인력 현황 및 수요
출처 한국데이터산업진흥원(2021), <2021 데이터산업백서>

트를 하고, 기업에서도 여러 분야에 AI를 활용하고 있어요. 그리고 인공지능 자체가 빠르게 발전하고 있는데요. 새로운 기술이 나오면 그런 모델을 계속 훈련시키고 사용할 수 있는 역량을 가진 데이터 과학자들이 많이 필요해요.

근무시간은 어떻게 되나요

편 근무시간은 어떻게 되나요?

김 회사에 출퇴근하는 사람들처럼 하루 8시간 근무를 한다 와 같은 기준은 없어요. 회사마다 다르긴 하지만 대체로 재택 근무가 가능한 것으로 알고 있어요. 재택근무가 가능해서 하루에 몇 시간 일을 해야 한다는 게 없고, 본인 스스로 시간을 효율적으로 쓸 수 있어요. 보통 분석 과제가 주어지면 언제까지 결과물을 제출하라는 기한이 정해져요. 그 기한 내에 결과물을 완성하면 되거든요. 그래서 월요일에서 금요일까지 일하지 않고 그 안에 일을 끝내도 문제될 게 없어요. 이 일은 여러 부서의 사람들과 소통하면서 협력할 때가 많은데, 요즘엔 회의나 소통도 온라인상에서 모두 하기 때문에 꼭 회사에 출근할 필요도 없고요.

여러 부서 사람들과 소통하는 온라인 회의

노동 강도는 어떤가요

편 IT 분야에서 일하는 사람들은 노동 강도가 높다고 알려져 있어요. 데이터 과학자는 어떤가요?

김 데이터 과학자의 노동 강도는 업무 환경, 프로젝트의 성격, 그리고 개인의 작업 방식에 따라 다를 수 있어요. 일반적으로 데이터 과학자는 복잡한 데이터를 분석하고 모델을 개발하는 데 상당한 시간과 집중력을 발휘해요. 프로젝트에 따라 긴급하게 데이터를 분석하고 결과를 도출해야 하는 경우도 있어서, 이러한 상황에서는 노동 강도가 높아질 수 있죠. 하지만 많은 조직에서는 유연한 근무 환경과 작업 스케줄을 제공하여 균형 잡힌 업무 환경을 조성하려고 노력하고 있어요. 재택근무와 같은 유연한 근무 방식을 통해 개인의 시간 관리와 업무 부담을 줄일 수 있는 경우도 많아요. 데이터 과학자로서의 업무는 때로는 긴장감을 요구하고 정신적으로 도전적일 수 있지만, 동시에 창의적인 문제 해결과 지속적인 학습의 기회를 제공해요. 따라서 노동 강도는 프로젝트의 성격과 개인의 시간 관리 능력에 크게 의존한다고 볼 수 있습니다.

연봉은 어느 정도 되나요

편 연봉은 어느 정도 되나요?

김 데이터 과학자의 연봉은 경력, 교육 수준, 그리고 근무하는 회사에 따라 다양하게 책정됩니다. 일반적으로, 데이터 과학자는 IT 분야에서 비교적 높은 연봉을 받는 편이에요. 예를 들어 일반 개발자의 초임이 평균적으로 약 6천만 원 정도일 때, 데이터 과학자는 그보다 더 높은 연봉을 받을 수 있어요. 학사 학위를 가진 데이터 과학자의 경우 연봉이 7천만 원 정도로 시작될 수 있고, 석사 또는 박사 학위를 가진 경우에는 더 높은 연봉을 제시받는 경우가 많아요. 특히 박사 학위를 가진 데이터 과학자의 경우 일부 기업에서는 8천만 원 이상의 연봉으로 시작하는 경우도 있어요. 대기업이나 글로벌 기업에서는 더 높은 연봉을 제시하는 경우가 많으며, 기본급 외에도 성과급이나 보너스 등이 추가되어 총수입이 더 높아질 수 있습니다. 경력이 쌓이면서 연봉은 더욱 증가하는 경향이 있죠. 경력 3~4년 차의 데이터 과학자의 경우 연봉이 1억 원을 넘는 경우도 흔해요. 데이터 과학 분야의 높은 진입 장벽과 전문성이 이러한 연봉 수준을 반영하는 것으로 볼 수 있어요. 반면, 스타트업이나 중소기업에서는 대기업보다는 상대적으로 낮은

25 Highest Paying Entry Level Jobs in the U.S. for 2019

Rank	Job Title	Median Base Salary
1	Data Scientist	$95,000
2	Software Engineer	$90,000
3	Product Manager	$89,000
4	Investment Banking Analyst	$85,000
5	Product Designer	$85,000
6	UX Designer	$73,000
7	Implementation Consultant	$72,000
8	Java Developer	$72,000
9	Systems Engineer	$70,000
10	Software Developer	$68,600
11	Process Engineer	$68,258
12	Front End Developer	$67,500
13	Product Engineer	$66,750
14	Actuarial Analyst	$66,250
15	Electrical Engineer	$66,000
16	Mechanical Engineer	$65,000
17	Design Engineer	$65,000
18	Applications Developer	$65,000
19	Test Engineer	$65,000
20	Programmer Analyst	$65,000
21	Quality Engineer	$64,750
22	Physical Therapist	$63,918
23	Field Engineer	$63,750
24	Project Engineer	$63,000
25	Business Analyst	$63,000

Source: Glassdoor Economic Research (Glassdoor.com/research)

미국 초봉 순위 (2019년 기준)

연봉을 제시하는 경우도 있습니다.

편 외국 기업과 차이가 있나요?

김 외국과 차이가 좀 많이 나는 편이에요. 한국은 데이터 과
학자를 IT 개발자와 비슷하게 보는 경향이 있어서 연봉에 차이

가 많이 나지 않는데, 외국은 초봉 1억 넘게 시작해서 시니어 senior 급이 되면 기본 급여만 1억 3천~2억 원 정도 된다고 알려져 있어요. 현재까지도 여전히 공급 대비 수요가 많기 때문에 평균 급여를 이야기 할 때도 항상 가장 높은 직군에 속해 있습니다.

이 일의 매력은 무엇인가요

이 일의 매력은 무엇인가요?

다양한 분야를 넘나들면서 일을 할 수 있다는 게 매력이라고 생각해요. 이 분야의 기술은 적용 가능한 범위가 굉장히 넓어요. 금융 쪽에서 일하다가 제조 쪽으로 옮기거나, 의료 쪽으로도 진출할 수 있죠. 관심 있는 분야가 생기면 또 그쪽으로 옮겨갈 수도 있고요. 그래서 새로운 것들에 관심이 많고 호기심이 많은 사람들에게는 이 일이 정말 매력적이에요. 늘 새로운 지식을 배우고 발전할 수 있다는 것도 장점이죠. 이 분야는 지금 하루가 다르게 발전하고 있어요. 변화의 속도가 매우 빠르죠. 마케팅이나 세일즈, 또는 제조업 등의 다른 분야도 발전하고 있긴 하지만 속도가 그렇게 빠르지는 않잖아요. 그런데 이 일은 배우고 발전하는 속도가 빠르니까 본인이 성장하고 있다는 것을 바로 알 수 있어서 뿌듯하죠. 기술의 최전선에 있다는 것 자체도 매력이고요.

이 일은 다른 사람들과 협업을 많이 해요. 회사마다 다르기는 하지만 규모가 있는 회사는 데이터 엔지니어, 분석가, 과학자의 역할이 나뉘어 있어요. 저는 과학자로서 엔지니어와 분석가들과 협업하는 게 재미있어요. 또 같은 데이터를 가지고

AI의 혁신을 이끄는
데이터 과학자

129

여러 명이 나눠서 일을 할 때도 있는데, 같은 데이터를 보면서 각기 다른 것들을 발견해 올 때는 흥미로워요. 또 내가 만든 시스템이 사람들에게 영향력을 미치고 있다는 것을 알면 성취감도 있어요. 또 제가 만든 추천 시스템을 사람들이 많이 이용하고 있으면 뿌듯하죠.

보람을 느끼는 순간은 언제인가요

편 일하면서 보람을 느끼는 순간은 언제인가요?

김 사기 구매를 예측하고 대응하는 일을 하면 일반적인 모델로는 사기 검출이 어려울 때가 있어요. 이렇게 기존에 알고 힘들었던 것을 그래프 네트워크라는 알고리즘으로 다 연결해요. A라는 사람과 B라는 사람을 연결하는 방식이 아니라 A라는 사람이 썼던 핸드폰 IP나 전화번호, 주소, 디바이스 아이디 등 여러 정보를 모두 연결하는 거예요. 그러면 A라는 사람과 B라는 사람이 직접적인 연관은 없어 보이는데 동일한 핸드폰을 사용했다는 것을 발견하게 돼요. 이렇게 모든 사용자를 그래프로 다 연결하는 것을 커뮤니티 탐지라고 하는데요. 이것을 사용하면 어떤 사람이 여러 주소로 상품을 보내거나, 가족이 한 주소로 상품을 보내는 것들이 다 연결돼서 하나의 작은 커뮤니티가 형성돼요. 이런 커뮤니티는 정상적인 거예요. 그런데 수십 명의 사용자가 한 핸드폰을 쓰거나, 100여 명이 한 카드로 결제했다는 것이 발견될 때가 있어요. 이것은 일반적인 프로그램으로는 발견이 안 되고 커뮤니티 탐지로 발견할 수 있는 거예요.

또 데이터를 들여다 보고 이런 사기 거래를 방지하기 위한 방안을 주도적으로 제안하기도 해요. 어느 국가나 지역에서 우리 플랫폼에 사용자가 가입하는 절차가 너무 쉬운 것 같다고 조언하면 디바이스 하나에 한 명만 가입할 수 있는 조처를 취하는 거죠. 또 데이터를 봤더니 어느 커뮤니티가 너무 커져서 사기 거래가 의심된다면 등록되어 있는 주소를 블랙리스트로 처리해 그 주소로 보내는 거래는 취소하기도 하고요. 이런 식으로 데이터에서 발견한 것들을 비즈니스 팀이랑 협력해서 적절한 대응을 하는 거예요. 이런 일을 하면서 회사에 기여하고 있다는 생각이 들고 보람도 느끼죠.

이 일의 단점은 뭘까요

편 이 일의 단점은 뭘까요?

김 장점이 곧 단점이 되지 않을까요? 데이터 과학자가 되기 위해서는 학습해야 할 것들이 참 많아요. 또 되고 난 후에도 새로 나오는 기술들을 습득해야 하죠. 이런 것을 좋아하는 사람에게는 장점이겠지만 한 번 배우고 익힌 것으로 일을 하고 싶은 사람들에게는 단점이에요. 그래서 이 분야의 전망이 좋다고 선택했다가 중도에 포기하는 경우도 많아요. 변화가 두렵고 새로운 것을 늘 학습해야 한다는 것에 피로감을 느끼는 분들도 많고요. 또 이 분야를 학문적으로 접근하는 사람들도 힘들어 하죠. 박사학위를 받고 기업에 취업하는 사람들이 많다고 했는데요. 그런 분들 중에는 연구하는 게 익숙하고 좋은데 기업의 문화와 맞지 않아서 힘들어 하는 분들도 있어요. 그냥 좋은 알고리즘을 만들어내는 것에 성취감을 느끼는 분들이죠. 그런데 기업이라는 곳은 비즈니스 문제를 해결해야 하잖아요. 그래서 회사로부터 인정을 받지 못하기도 해요. 그런 분들은 다시 대학으로 돌아가거나 혼자 연구하는 방법을 찾으시더라고요.

편 또 어떤 사람들이 이 일을 힘들게 생각하나요?

김 편견과 고정관념이 강한 사람들이 힘든 것 같아요. 이 일은 마음이 열려 있어야 해요. 새로운 것을 받아들인다는 것 자체가 마음이 열려야 가능한 거잖아요. 그래야 새로운 환경에도 잘 적응하는데 편견과 고정관념이 있으면 어렵죠.

직업적인 습관이나 병이 있다면

편 직업적인 습관이나 병이 있다면?

김 데이터 과학자로 일하다 보면 몇 가지 직업적인 습관이나 건강 문제에 직면할 수 있어요. 첫째, 데이터를 기반으로 사고하는 습관이 자연스럽게 생겨요. 사람들과 대화할 때나, 무언가를 주장하거나 사실이라고 말할 때, 그것이 데이터로 얼마나 뒷받침되는지를 자연스럽게 따지게 되죠. 이는 데이터 과학자들이 갖는 비판적이고 분석적인 사고방식이에요.

둘째, 건강 문제는 주로 장시간 앉아서 일하는 데서 오는 것들이죠. 거북목과 같은 자세 문제는 물론, 장시간 앉아 있음으로 인해 발생할 수 있는 요통이나 다리 순환 문제도 있어요. 그리고 장시간 컴퓨터 화면을 바라보는 것은 눈의 피로를 유발할 수 있죠. 이러한 문제를 예방하기 위해서는 정기적으로 휴식을 취하고, 적절한 스트레칭과 운동을 하는 것이 중요합니다. 또, 업무 환경을 신체 특성에 맞게 설정하는 것도 도움이 되지요. 예를 들어 모니터의 높이를 적절하게 조절하거나, 적절한 의자를 사용하는 것이죠.

마지막으로, 눈의 건강을 위해 안경이나 화면 필터를 사용하거나, 눈 운동을 정기적으로 하는 것도 중요해요. 데이터 과학자로서 우리는 몸과 정신의 건강을 잘 관리해야 장기적으로 성공적인 커리어를 유지할 수 있습니다.

일에서 오는 스트레스는 어떻게 해소하세요

편 업무를 하다 보면 스트레스가 생길 수 있어요. 이 일에서 오는 스트레스는 뭔가요?

김 저는 일에서 스트레스를 잘 안 받는 성격이라 특별한 스트레스는 없어요. 새로운 걸 배우는 것도 좋아하는 편이지만, 어차피 배워야 되니까 그런 것으로 스트레스를 받지는 않아요. 오히려 그런 기회를 삼아서 배운 것을 정리해서 책으로 내는 게 더 좋아요.

편 2022년에 『AI소사이어티』라는 책을 공동으로 내셨어요. 이것도 공부한 결과물인 가요?

김 공동저자는 당시에 조선일보 산업부 기자로 있었던 친구로 중국에서 저와 함께 공부했어요. 그 친구는 글을 잘 쓰고, 저는 이 분야에 전문적인 지식이 있으니까 다가올 AI 시대에 대한 책을 냈죠. 기술이나 전문적인 지식이 아니라 일반 사람들이 궁금해 하는 이야기나 미래 사회에서 AI가 어떻게 쓰일 지 등에 대해서 알려주고 싶은 이야기를 썼죠. 그런데 공교롭게도 이 책이 나오고 나서 챗GPT가 나왔는데요. 한동안 챗GPT에 대한 논란이 많았죠. 부정적인 의견도 많고 그 속에서

『AI 소사이어티』 북토크

두려움이라는 감정도 있었고요. 챗GPT 와 같은 것이 나올 것
이라고 예상은 하고 있어서 저는 놀라지 않았지만 사람들이
많이 놀란 것 같았어요. 제가 책에서 하고 싶었던 말은 AI를 전
기 쓰듯이 도구로 사용하는 사회가 곧 올 텐데 잘 사용하면 좋
겠다는 내용이었죠.

편 주변에서 다른 사람들은 어떤 스트레스를 받는 것 같으세요?

김 이 일을 좋아하지 않는데 전망이 좋아서, 대우가 좋아서 등등의 이유로 이 일을 직업으로 선택한 사람들이 있어요. 그런데 막상 일을 해보니 재미도 없고 공부할 양도 많다고 스트레스를 받는 거예요. 또 독자적으로 연구하고 성과를 얻고 싶은데 위에서 시키는 일을 해야 한다는 게 싫다고 하는 사람들도 있고요. 저희가 하는 일은 뭔가를 결정하는 게 아니에요. 결정하고 해결할 수 있도록 돕는 일이죠. 그래서 주도적으로 결정하는 일을 하고 싶은 사람들도 힘들어 해요.

편 그럼 휴식이 필요할 때는 어떻게 하세요?

김 저는 가족과 시간을 보내는 것을 중요하게 여겨요. 특히 워케이션을 즐기는 편이에요. 휴가를 보내면서 동시에 일을 할 수 있는 방법이죠. 제주도 같은 곳에서 가족과 함께 지내면서 일하는 거예요. 워케이션의 좋은 점은 일상의 환경을 벗어나 새로운 곳에서 영감을 받고, 창의력을 키울 수 있다는 거예요. 새로운 환경은 새로운 아이디어와 생각을 유도하곤 하죠. 또한, 가족과 함께 시간을 보내면서도 업무를 계속할 수 있어서 일과 삶의 균형을 유지하는 데 도움이 됩니다. 하지만 워케이션에는 어려운 점도 있어요. 업무에 집중해야 하는 시간과 가족과 함께 하는 시간을 명확히 구분하는 것이 중요해요. 때로는 일과 휴식의 경계가 모호해져서 업무 효율성이 떨어질 수도 있고, 가족과 함께하는 시간이 충분하지 않게 느껴질 수도 있습니다. 따라서 워케이션을 할 때는 업무와 휴식 시간을 명확히 계획하고 구분하는 것이 중요해요.

가족들과 함께한 워케이션

데이터 과학자는 언제까지 일할 수 있는 직업일까요

편 데이터 과학자는 언제까지 일할 수 있는 직업일까요?

김 이 직업의 역사가 그리 길지 않아서 언제까지 일할 수 있을 거라는 예측을 하기는 아직 어려운 것 같아요. 대신 이보다 역사가 좀 긴 IT 업계의 변화를 보면서 조심스럽게 예측을 할 수는 있겠죠. IT 개발자들이 나이가 들면서 회사 내에서 어느 위치에 있을 것인가를 두고 고민을 많이 해요. 한국 회사들은 현장에서 일하던 사람들이 어느 정도 직급이 되었을 때 관리 직으로 진급하지 못하면 회사를 떠나야 하는 경우가 많아요. 승진을 해야 인정을 받는다는 문화가 있어서 그런 것 같아요. 그런데 연구와 개발을 하던 사람들이 관리자가 되면 기존에 하던 일과 하는 일이 달라져요. 결제를 하고 조직 관리를 하는 등 행정 업무만 하게 되는 거죠. 회사의 조직과 사람을 관리하는 일을 좋아하는 사람이라면 괜찮겠지만 기존에 하던 일을 놓고 싶지 않은 사람에게는 꽤 힘든 일이죠. 그래서 관리자가 되고 싶지 않은 개발자들이 이직을 하는 경우도 많았어요.

그런데 지금은 회사 내에서 직급에 대한 생각이 좀 유연해지는 것 같아요. 우리 보다 앞서서 외국 회사들도 이런 문제가 있었는데, 지금은 거의 모든 회사에서 개발자에게 선택권을 줘요. 계속 현장에서 일을 하고 싶다면 그 안에서 평가받고 보상을 받을 수 있도록 하고, 매니저가 되고 싶다면 그쪽으로 선택할 수 있게 하는 거예요. 관리직이 되어야만 진급을 할 수 있는 건 아니라는 체계가 구축되어 있어요. 현장에 남는 쪽을 선택한 사람들을 '인디비주얼 컨트리뷰터Individual Contributor' 라고 해서 조직 내에서 특정 프로젝트나 작업에 개별적으로 참여할 수 있도록 해요. 일반적으로 개인의 기술, 전문성, 혹은 특정 분야의 지식을 바탕으로 프로젝트나 작업에 기여하는 쪽에 중심이 있어서 팀 내에서 특정 역할이나 책임을 맡지 않는 경우가 많아요. 보통 프로그래머, 디자이너, 작가, 엔지니어 등의 직업을 가진 사람들이 인디비주얼 컨트리뷰터를 선택하죠. 저희 회사도 이 체계를 따르고 있어요. 그래서 제가 관리 쪽으로 가지 않고 데이터 과학자로 계속 성장하고 싶다고 선택할 수 있어요. 현장에 남는다고 연봉이 적어진다거나 하는 일은 없어요. 능력에 따라 계약 조건을 달리할 수 있으니까요.

편 세상의 혁신을 일으키는 직업답게 회사의 조직과 체계에도 변화를 일으키는 것 같아요. 이직도 굉장히 많이 하는 직업인 것으로 아는데, 실제로는 어떤가요?

김 데이터 과학이 떠오르기 시작했을 때 기업들도 어떤 사람을 데려다 일을 시켜야 할 지 잘 몰랐어요. 그래서 IT 업계에서 사람들을 많이 데려다 썼죠. 그런데 회사마다 조직의 문화가 있어서 적응하지 못하는 사람들도 많았고, 또 이 일 자체가 과도기이다 보니 IT 부서 아래 AI 조직을 만들었다가 없애기도 하면서 사람들이 대거 이직하는 경우도 있었어요. 몇 년 전에는 금융 쪽에서 데이터 과학의 열풍이 불어서 채용하는 인원이 많았고, 또 제조 쪽에서도 데이터 과학을 접목하겠다고 많이 채용하기도 했죠. 그래서 이 분야에서 일을 하는 사람들은 2년, 3년 간격으로 이쪽 저쪽으로 넘나들며 이직하는 경우도 많았어요. 저는 그 시기를 이 직종이 정착하는 과도기였다고 생각해요. 그때에 비해 지금은 어느 분야에서 어떻게 데이터 과학을 활용할 지 윤곽이 잡히고 있어서 예전처럼 매우 불확실한 상태로 이동하지는 않는 것 같아요. 그렇다고 데이터 과학자가 한 분야에만 머물러 있는 것은 아니에요. 자신의 관심과 능력에 따라 금융 쪽에서 의료 쪽으로, 공공정책 쪽으로 선택해서 이직할 수 있으니까요.

데이터
과학(자)의
세계

IT 기술의 발전이 데이터 과학자에게도
영향을 미치나요

편 IT 기술의 발전이 데이터 과학자에게도 영향을 미치나요?

김 그럼요. IT 기술도 빠르게 발전하고 있어요. 기술의 혁신이 곧 데이터의 증가라고 할 정도로 연관되어 있죠. 우리가 일상에서 사용하는 스마트폰의 성능이 좋아질수록, 스마트폰 하나로 할 수 있는 일이 많아질수록, 그만큼 데이터가 쌓인다고 생각하면 돼요. 또 사물인터넷도 발전하고 있어서 그 데이터도 많아지고 있죠. 이렇게 IT 기술의 발전이 만들어내는 것들을 일상에서 사용할수록 데이터도 많아질 수밖에 없어요. 그러면 데이터를 분석하고 활용하고 가공하는 사람은 더 많아지겠죠. 그래서 IT 기술의 발전이 데이터 과학의 발전으로 이어진다고 볼 수 있어요.

데이터 과학을 활용하는 산업 분야는 어디인가요

편 데이터 과학을 활용하는 산업 분야는 어디인가요?

김 데이터 과학은 다양한 산업 분야와 밀접한 연관이 있어요. 특히, 의료 분야에서 데이터 과학의 역할은 매우 중요해요. 예를 들어, 의료 영상 분석, 유전자 분석, 환자 데이터를 활용한 맞춤형 치료 방안 개발 등에서 데이터 과학 기술이 활용돼요. 또한, 실시간 환자 모니터링 및 예측 모델을 통해 질병의 조기 진단 및 예방이 가능해지고 있죠.

자동차 산업에서는 테슬라와 같은 회사들이 데이터를 활용해 자율 주행 기능을 개선하고 있어요. 또한, 네비게이션 시스템은 사용자의 이동 경로 데이터를 분석하여 실시간 교통 정보를 제공해요. 마케팅과 광고 분야에서는 소비자 행동 분석을 통해 개인화된 광고를 제공하고 있고요.

군사 분야에서도 데이터 과학은 큰 역할을 하고 있습니다. 예를 들어 인공지능을 활용한 첨단 무기 시스템 개발, 감시 및 정찰 작업에서의 데이터 분석, 전장 상황 예측 등에서 데이터 과학 기술이 활용되고 있어요. 또한, 정부에서는 대규모 데이터 분석을 통해 교통, 환경, 공공 안전 분야 등에서 정책 결정을 지원하고 있습니다.

AI 도입으로 가장 큰 파급효과가 있을 산업 분야

31.4% 의료·건강
19.4% 교통(자동차 등)
15.3% 통신/미디어
10.4% 물류·유통
10.4% 제조
6.7% 금융
3.4% 교육
2.7% 에너지
*기타 0.3%

AI 직무 대체 여부 & 소요 기간

49.9% 대체 안함
50.1% 대체 함

50%이상 대체	20.22년
30%대체	11.81년
20%대체	9.05년
10%대체	7.46년

AI 인력 대체 여부 & 소요 기간

50%이상 대체	20.73년
30%대체	12.05년
70%대체	9.16년
10%대체	8.25년

51.2% 대체 안함
48.8% 대체 함

자료 KDI 경제정보센터

사람들의 일상에서 데이터 과학은
어떻게 쓰이고 있나요

편 사람들의 일상생활과 결합된 데이터 과학의 분야는 어떤 것이 있을까요?

김 데이터 과학은 일상 속에서도 큰 역할을 하고 있어요. 특히 사물인터넷IoT 기술은 데이터 과학과 긴밀하게 연결되어 있죠. IoT는 센서와 기술을 통해 데이터를 수집하고, 이를 분석하여 우리의 생활을 편리하게 만듭니다. 예를 들어 집안의 스마트 가전 제품들이 데이터를 수집하고 분석하여 사용자의 습관과 선호도에 맞게 작동해요. 스마트홈 시스템은 조명, 온도, 보안 등을 자동으로 조절하며, 웨어러블 디바이스는 건강 상태를 모니터링하고 운동 계획을 제안하죠. 사물인터넷은 향후 가정, 산업, 도시 계획 등에서 더욱 통합되고 발전할 것으로 보여요. 스마트 홈 시스템이나 산업용 IoT 기술을 통해 우리 생활의 효율성과 편의성이 향상될 것예요.

데이터 과학은 또한 교통 시스템, 에너지 관리, 스마트 시티 구축 등에도 적용되고 있어요. 이를 통해 도시의 효율성을 높이고, 환경을 개선하며, 시민들의 생활을 향상시키는 데 기여하고 있죠.

📝 사물인터넷 기기들을 사용하면 데이터가 생성된다는 거죠?

🔵 예전에는 내가 집에서 청소하고 나서 청소했다는 말을 하지 않으면 그 사실을 다른 사람은 모르죠. 그런데 요즘엔 데이터가 알고 있어요. 하루에 청소를 몇 번했는지, 몇 시간 돌렸는지, 어디를 청소하고 어떤 문제가 생겨서 작동을 멈췄는지 등 청소기의 작동 상태가 모두 데이터로 남아요. 이런 데이터는 전자기기 회사에 축적되어서 제품의 성능을 향상시키거나 고객의 요구를 파악하는 용도로 쓰이는 것으로 알고 있어요. 하지만 아직은 이렇게 매일 엄청나게 쌓이는 데이터에서 어떤 패턴을 읽고 활용할 지는 고민이 더 필요하죠.

데이터의 증가에 따라 발생하는 문제도 있을까요

편 매일 사람들이 생성하는 데이터가 많아지는데 따른 문제들도 생기지 않을까요?

김 네, 데이터의 폭발적인 증가는 분명히 보안과 프라이버시 문제를 낳고 있어요. 이는 데이터 과학 분야에서 매우 중요한 쟁점 중 하나예요. 매일 생성되는 방대한 양의 데이터는 개인의 정보와 활동을 상세히 반영하고 있죠. 이 데이터를 적절하게 보호하지 못한다면 개인정보 유출이나 오남용의 위험이 커지게 됩니다. 특히 사물인터넷 기기, 스마트폰, 온라인 플랫폼 등 다양한 출처에서 수집되는 데이터에는 사용자의 위치, 소비 습관, 심지어는 건강 상태에 대한 정보까지 포함될 수 있어요. 이런 정보가 잘못된 손에 들어가거나 부적절하게 사용된다면 심각한 프라이버시 침해 문제가 발생할 수 있죠.

따라서 데이터를 안전하게 저장하고 관리하는 것뿐만 아니라, 이를 어떻게 사용할 것인지에 대한 윤리적, 법적 기준을 마련하는 것이 중요해요. 예를 들어 유럽연합[EU]의 일반 데이터 보호 규정[GDPR]은 개인 데이터 보호에 대한 강력한 규정을 제공하며, 이는 전 세계적으로 데이터 보안과 프라이버시에 대한 인식을 높이는 데 기여했어요. 데이터 과학자로서 우리는 데이터를 분석하고 활용하는 과정에서 프라이버시를 존중하고 보호하는 것을 최우선으로 해야 합니다. 이는 단순히 법적인 의무를 넘어서 데이터 과학자의 윤리적 책임이라고 할 수 있죠.

AI가 발전하면 데이터 과학자를
대체할 수도 있지 않을까요

편 AI가 발전하면 데이터 과학자를 대체할 수도 있지 않을까요?

김 이 분야의 기술은 엄청난 속도로 발전하고 있어요. 그래서 몇 년 전만 해도 데이터 과학자라는 직업이 없어질 수도 있다는 얘기를 했었죠. 왜냐하면 데이터 분석이라는 게 코딩을 잘하고 데이터 속에서 뭔가를 잘 찾아내는 일인데, GPT 같은 대규모 언어 모델을 자연어로 사용할 수 있다면 코딩을 모르는 사람도, 어떤 데이터를 어디에서 찾아야 하는지 모르는 사람도 잘 학습된 모델을 활용하면 가능한 일이 아닌가 하는 생각이었죠. 또 대규모 언어 모델은 코딩도 할 수 있어요. 그래서 앞으로 유망한 코딩 언어는 파이썬이나 R 같은 것이 아니라 영어가 될 거라는 말도 있죠. 데이터를 잘 알고, 어디 있는지도 알고, 어떤 식으로 분석해야 될지를 안다면 자연어로도 명령을 내릴 수 있을 거니까요.

하지만 데이터 과학자의 역할이 단순히 데이터 분석이나 코딩에 국한되지 않는다는 것을 기억해야 해요. AI와 머신러닝 기술이 발전하더라도, 여전히 인간의 창의성과 비판적 사고가 필요한 영역이 많아요. 데이터 과학자는 데이터를 단순히 분석하는 것을 넘어서, 이를 어떻게 비즈니스 전략이나 의사결정에 통합할지를 고민하고, 복잡한 문제에 대한 해결책을 제시해야 합니다.

또한 AI와 머신러닝 모델의 개발 및 튜닝, 데이터의 품질과 정확성을 관리하는 것 역시 중요한 업무예요. 이러한 작업들은 자동화된 시스템만으로는 완벽히 대체하기 어렵죠. 따라서 데이터 과학자는 AI 기술을 이해하고 활용할 뿐만 아니라, 이 기술의 한계를 인식하고 이를 보완하는 역할을 계속 수행할 거예요. 결론적으로 AI의 발전은 데이터 과학자의 역할을 대체하기보다는 변화시키고, 이러한 기술을 더 효과적으로 활용하기 위한 새로운 기술과 능력을 요구할 거예요. 그래서 데이터 과학자의 미래는 AI와의 협력과 상호 보완적인 관계 속에서 계속 발전해 나갈 것으로 보여요.

미래에는 또 어떤 AI가 나올까요

편 자연어로 대화할 수 있는 AI는 이미 실용화되었어요. 앞으로는 다른 기능을 가진 생성형 AI로 어떤 것들이 나올까요?

김 자연어 처리 기능을 갖춘 AI는 이미 상당한 발전을 이루었고, 이제는 더 복잡하고 다양한 생성형 AI가 등장할 것으로 보여요. 예를 들어 사용자의 문자 입력에 기반해 정교한 이미지나 영상을 생성하는 멀티 모달 AI가 발전하고 있죠. 사용자가 '모자를 쓴 토끼가 뛰어서 산으로 가는 영상을 5분짜리로 만들어 줘'와 같은 요청을 하면, AI는 이를 해석하여 실제 영상

중국 크리에이터가 AI로 만든 복고풍 사진 출처 MIT 테크놀로지리뷰

AI의 혁신을 이끄는
데이터 과학자

영상 속의 옷을 원하는 대로 바꿔주는 인공지능(AI)　출처 LUMIERE GitHub

을 생성할 수 있습니다. 이러한 기술은 아직 초기 단계에 있지 만 빠르게 발전하고 있어요. 앞으로는 이러한 AI가 영화 제작, 게임 개발, 교육 자료 제작 등 여러 분야에서 활용될 가능성이 높아요. 이미지와 영상 생성뿐만 아니라, 음성 명령을 통한 상 호 작용도 발전할 거예요. 음성으로 명령하면 AI가 그에 맞는 응답을 하는 시스템은 실시간 번역, 가상 도우미, 고객 서비스 등에서 사용될 수 있어요.

또한 AI는 의료 영상 분석, 개인화된 콘텐츠 추천, 고급 데이터 분석 등에서도 더욱 정교하고 복잡한 작업을 수행할 수 있게 될 거예요. 이러한 발전은 AI가 인간의 창의성을 보조하고, 더 복잡하고 정교한 작업을 수행하는 데 도움이 되겠죠.

대규모 언어 모델은 무엇인가요

편 사람과 대화를 하는 챗GPT가 나왔어요. 이게 어떤 것인지 설명해주세요.

김 챗GPT를 이해하려면 먼저 GPT에 대해 알아야 해요. GPT는 'Generative Pre-trained Transformer'의 약자로, 크게 말해서 컴퓨터가 자연스럽게 언어를 이해하고 생성할 수 있게 하는 프로그램이에요. 'Transformer'라는 기술을 기반으로 하는데, 이는 컴퓨터가 글을 읽고 이해하는 방식을 매우 효과적으로 만들어줘요. 이 GPT 모델은 인터넷에서 수집된 방대한 양의 텍스트 데이터를 학습해요. 책, 기사, 웹사이트 등에서 얻은 수많은 단어와 문장을 분석하면서, 언어에 대한 광범위한 지식을 쌓죠. 그렇게 해서 컴퓨터는 다양한 주제에 대해 이야기하고, 질문에 답할 수 있게 됩니다.

챗GPT는 이 GPT 모델 중 하나로, 특히 대화를 하는 데 특화되어 있어요. 예를 들어 사람들이 질문을 하면, 챗GPT는 그에 맞는 적절한 대답을 만들어내요. GPT-3는 현재 사용되는 가장 큰 버전으로, 수많은 단어와 문장을 학습했기 때문에, 다양한 주제에 대해 매우 자연스럽고 유창한 대화를 할 수 있어요. 이 기술은 고등학생들이 공부에 도움을 받을 수 있는 도구로 활용되기도 하고, 기업들이 고객 서비스를 제공하는 데에도 사용됩니다. 그러나 여전히 한계가 있기 때문에 정확하고 신뢰할 수 있는 정보를 얻기 위해서는 전문가의 검토가 필요할 때도 있어요.

좀 더 자세히 설명을 해볼게요. 먼저 GPT는 1단계로 대규모 데이터를 학습해요. 이때 인터넷에서 수집한 방대한 텍스트 데이터(예: 책, 기사, 웹사이트 내용 등)를 사용하죠. 이 단계에서 GPT는 말뭉치라고 하는 큰 데이터 세트를 읽으면서 단어, 문장, 언어 구조 등을 학습해요. 2단계는 사람의 도움으로 학습을 개선해요. GPT가 일정 수준 학습을 마친 후, 사람이 개입해 학습 과정을 더 발전시키는 거예요. 예를 들어 사람이 문장에 '레이블'을 붙여서 GPT가 특정 문맥이나 의미를 더 잘 이해하도록 도와줘요. 이 과정을 통해 GPT는 사람의 언어를 더 정확하게 이해하고 모방할 수 있게 됩니다. 3단계에서는 강화 학습이라는 과정을 거쳐 GPT의 대화 능력을 더욱 향상시켜요. 이 단계에서는 GPT가 생성한 대답이나 텍스트가 얼마나 좋은지를 평가하고, 더 나은 대답을 만들어내도록 학습시키죠. GPT가 질문에 대해 여러 가지 대답을 생성하면, 사람이 가장 적절한 대답을 선택해주는 방식으로 진행돼요.

챗GPT는 대규모 언어 모델Large Language Model, LLM의 한 예인

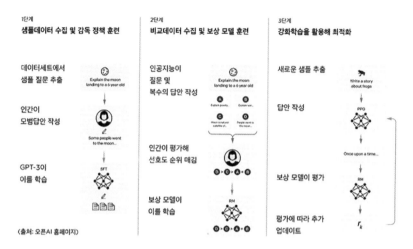

1단계
샘플데이터 수집 및 감독 정책 훈련

데이터세트에서
샘플 질문 추출

인간이
모범답안 작성

GPT-3이
이를 학습

〈출처: 오픈AI 홈페이지〉

2단계
비교데이터 수집 및 보상 모델 훈련

인공지능이
질문 및
복수의 답안 작성

인간이 평가해
선호도 순위 매김

보상 모델이
이를 학습

3단계
강화학습을 활용해 최적화

새로운 샘플 추출

답안 작성

보상 모델이 평가

평가에 따라 추가
업데이트

출처 **유네스코한국위원회**

데요. LLM은 매우 큰 데이터 세트에서 학습된, 대규모의 언어 모델을 의미해요. 이러한 모델들은 자연어 이해NLU와 자연어 생성NLG 능력을 포함하여 다양한 언어 관련 작업을 수행해요. 챗GPT 외에도 최근에 구글에서 공개한 Gemini나, 메타가 공개한 Llama2, 미스트랄Mistral의 7B같은 모델도 훌륭한 대규모 언어 모델입니다.

대규모 언어 모델을 기업에서도 사용하나요

편 GPT 모델처럼 대규모 언어 모델을 기업에서 활용하는 경우도 있나요?

김 회사 내의 업무를 효율화하는 도구로 GPT 와 같은 대규모 언어 모델을 활용하고 있는 곳이 많아요. 회사에서는 오픈소스open source 모델을 활용하거나 상업용 라이센스를 구매해 회사의 모든 데이터를 학습시켜요. 이런 데이터는 외부로 나가서는 안 되기 때문에 회사의 특성에 맞게 모델을 학습시키고 직원들이 사용하도록 하는 거예요. 만약에 회사에서 일을 하던 직원이 모르는 게 생겼어요. 예전에는 상사나 동료, 또는 사내 게시판에 물어봤는데, 요즘엔 AI 모델에게 물어봐서 문제를 해결해요. AI가 사내 게시판에 올라왔던 모든 데이터를 다 학습했기 때문에 답을 줄 수 있는 거죠. 또 단순하게는 문서를 요약한다거나 자동으로 문서를 작성하는 일 등을 AI가 담당해서 업무를 효율화할 수 있어요. 이런 간단한 일뿐 아니라 좀더 분석적인 일도 가능해요. 1년 동안 회사의 매출을 계산해야 한다면 AI에게 언제부터 언제까지 매출을 계산해서 결과를 표로 만들어 달라거나 그래프로 그려달라고 할 수도 있어요. 요즘 GPT는 시각화도 가능하거든요.

여기서 GPT의 큰 장점을 하나 발견할 수 있는데, 혹시 눈치 채셨나요? 사람이 직접 문서를 작성하려면 사용하고 있는 툴을 잘 알고 있거나 코딩을 할 줄 알아야 하는데, GPT를 사용하면 코딩이나 툴을 몰라도 내가 원하는 결과를 얻을 수 있다는 거예요. 자연어를 이해하는 모델이니까요. 예를 들어 어느 기업에서 생산 과정에 대한 전문 지식도 많고 비즈니스에 대한 이해도는 높은데 코딩을 몰라서 프로그래밍을 몰라서 업무를 잘 할 수 없었던 사람이 있었다면 지금은 그런 것들을 몰라도 자연어를 이해하는 모델을 사용해서 업무의 장벽을 없앨 수 있어요.

편 자연어 이해와 생성이 가능한 AI 모델을 사용하려면 비용을 지불해야 되는 건 아닌가요?

김 대규모 언어 모델의 사용에 관해서는 몇 가지 선택지가 있어요. OpenAI가 개발한 GPT와 같은 모델은 상업적 사용을 위해 공개되었어요. 이러한 모델을 사용하려면 일정한 비용을 지불해야 합니다. 이 비용은 모델의 용량, 사용량, 서비스 조건 등에 따라 달라질 수 있죠. 하지만 무료로 제공되는 오픈 소스 모델도 많아요. '라마LaMa'와 같은 모델은 무료로 사용할 수 있게 공개되어 있는데요. 이런 오픈 소스 모델들은 일반적으로 자유롭게 사용할 수 있지만, 회사의 보안 정책에 따라 제한이 있을 수 있어요.

오픈 소스 AI를 사용할 때 중요한 것 중 하나가 프롬프트 엔지니어링이에요. 프롬프트 엔지니어링은 AI에게 어떤 질문을 하거나 명령을 내릴 때, AI가 원하는 대답을 할 수 있도록 질문이나 명령을 최적화하는 과정을 말해요. 이는 AI가 제공하는 대답의 정확성과 관련성을 높이는 데 매우 중요합니다. 그리고 보안 측면에서, 회사 내에서 오픈 소스 AI 툴을 사용할 때는 특히 주의해야 해요. 회사의 기밀 정보가 외부로 유출되지 않도록 보안 장치를 마련하고, 직원들이 허용된 오픈 소스만 사용하도록 관리하는 것이 필요해요. 회사의 커뮤니케이션 도구로 AI 툴을 사용하는 경우에도, 회사의 필요와 보안 요구사항에 맞게 AI 모델을 훈련시키고 사용하는 것이 중요해요.

편 데이터 과학자도 오픈 소스를 사용하는군요.

김 데이터 과학자는 데이터라는 재료를 다룰 수 있는 툴을 만들어 활용하는 사람들이라서 새로운 알고리즘을 만들어 내는 게 중요한 일이죠. 그런데 새로운 모델을, 그것도 엄청 잘나가는 모델을 만드는 사람들은 극소수예요. 대다수의 데이터 과학자는 누군가 잘 만들어 놓은 알고리즘을 사용해 비즈니스 가치를 만들어내는 거죠. 데이터에 대한 이해도가 높고 알고리즘을 잘 사용할 수 있는 것도 능력이니까요. 그런 특정한 도구를 잘 활용해 일하는 분야에 적용하고, 그것으로 인해 생산적인 결과물을 만들어내는 게 핵심인 것 같아요.

개인도 LLM 모델을 활용해
앱이나 프로덕트를 만들 수 있나요

편 오픈 소스는 누구나 사용할 수 있다고 하셨어요. 그렇다면 개인도 GPT 같은 LLM 모델을 활용해 앱이나 프로덕트를 만들 수 있나요?

김 네, 확실히 가능해요. 최근에는 개인 개발자나 소규모 팀도 GPT 같은 AI 모델을 활용하여 창의적이고 흥미로운 애플리케이션을 만들고 있어요. 사주를 봐주는 GPT 기반 앱이라든지, 요리 레시피를 추천하는 서비스, 심지어는 AI를 활용한 창작 도우미 같은 다양한 형태의 앱이 생겨나고 있죠. 이러한 프로젝트는 GPT 모델을 활용하여 특정 주제나 분야에 맞게 사용자에게 정보를 제공하거나 상호작용하는 데 초점을 맞추고 있어요. 개발자는 이 모델을 자신의 앱이나 서비스에 통합하여, 사용자가 자연어로 질문하거나 명령을 내릴 때 적절하고 유용한 답변을 제공할 수 있게 만들죠. 이렇게 개인이나 소규모 팀이 GPT를 활용한 프로젝트를 진행하는 것은 비교적 새로운 경향이에요.

기존에는 대규모 회사나 기관에서만 가능했던 일이 이제는 더 많은 사람들에게 열려 있어요. 이는 AI 기술의 접근성이 높아지고 있다는 증거이며, 앞으로 더 다양하고 창의적인 AI 기반 애플리케이션들이 등장할 것으로 기대됩니다.

대규모 언어 모델이라는 도구를
어떻게 사용하면 좋을까요

편 일상에서 사람들이 LLM이라는 도구를 도구를 어떻게 사용하면 좋을까요?

김 챗GPT가 나왔을 때 사람들이 써보고 틀린 답을 얘기하더라는 반응을 했어요. 그럴 수 있죠. 그런데 사람들은 '어떻게 하면 맞는 답을 말하게 할 수 있을까'를 생각하지 않고, 그냥 '써봤는데 별로야', '번역 수준도 별로던데' 이렇게 말하고 끝나더라고요. 물론 처음 이런 툴이 나오면 사용하면서 시행착오를 겪게 돼요. 사용자들이 어떻게 사용하는가에 따라 변화하는 거니까요. 그러면 사용하면서 오차를 줄여나가고 정확도를 높여나갈 수도 있는 거거든요. 그런데 한두 번 사용하고 이런 평가를 하니까 사람들이 AI에 대해서 너무 가볍게 생각하는 건 아닌가 싶었죠. 아마도 AI를 기업에서 마케팅 용어로 많이 사용하다 보니 실제로 AI의 기능을 잘 모르기 때문인 아닌가 하는 생각도 들어요. AI가 추천하는 주식이라든가 AI가 들어간 제품이라고 마케팅을 위한 용도로 사람들에게 인식되니까 실제로 AI가 어떻게 쓰이고, 어떻게 활용할 수 있는지에 대한 것은 잘 모르는 것 같아요.

지금 AI 수준은 처음에 일반인에게 공개되었을 때와 질적으로 크게 발전했어요. 기계를 자동화하는 수준이 아니라 의사 시험이나 변호사 시험에 통과할 만큼 스스로 학습하는 능력이 뛰어나죠. 이 정도면 한 사람이 갖고 있는 지식보다 더 많은 지식을 가지고 있을뿐만 아니라 유연하게 학습하기 때문에 더 나은 답을 할 수 있는 가능성이 높아요. 그런데 사람들은 이것을 별거 아니라고 대하니까 좀 답답한 마음이죠.

편 대규모 언어 모델이 나온 지 얼마 되지 않았지만 그 이후로 AI에 대한 인식이 많이 바뀐 것 같아요.

김 데이터 과학자인 저도 대규모 언어 모델이 이렇게 빨리 성능이 발전해서 실제 일하는 현장에서 쓰일 줄은 몰랐어요. 어느 정도냐면, 코딩을 할 때 제가 하면 1시간이 걸리는데 챗GPT가 하면 10분 만에 해서 굉장히 효율적으로 사용할 수 있어요. 메일을 보낼 때도 이런 내용을 가볍게 써 달라고 하거나, 전문적으로 써 달라고 하면 그렇게 써 줘요. 그래서 일하는 사람들이 실제로 챗GPT를 사용해 메일을 주고받고 하죠. 물론 이것에 너무 의존하는 것은 좋지 않지만 이 도구를 이해하고 다룰 줄 알면 유용하게 사용할 수 있어요.

챗GPT 말고도 다른 유형의
대규모 언어 모델이 있나요

편 챗GPT 말고도 다른 유형의 대규모 언어 모델이 있나요?

김 네, 앞서 언급했던 것처럼 GPT는 대규모 언어 모델의 한 예일 뿐이에요. AI 기술 분야에는 챗GPT 외에도 여러 가지 흥미로운 도구들이 개발되고 있죠. 구글의 '제미니Gemini'는 사용자의 질문에 대한 답변을 생성하는 데 초점을 맞춘 언어 모델이에요. 제미니는 특정 주제에 대해 깊이 있는 답변을 생성할 수 있으며, 정보 검색과 문서 생성에도 활용될 수 있어요. 또 'DALL-E'와 'CLIP' 같은 멀티모달multi-modal 모델도 있어요. 멀티모달 모델은 여러 형태의 데이터(예: 텍스트, 이미지, 소리 등)를 이해하고 처리할 수 있는 인공지능 모델을 말해요. 이들은 텍스트를 바탕으로 복잡한 이미지를 생성하거나, 이미지와 관련된 텍스트를 이해하는 데 특화되어 있어요. 이러한 모델들은 창의적인 예술 작업, 디자인, 심지어는 이렇게 다양한 AI 도구들을 교육적 목적으로도 활용될 수 있죠. 이러한 기술들을 '생성형 AIgenerative AI'라고 통칭해요. 대규모 언어 모델도 생성형 AI 기술을 사용합니다. 최근에 공개된 텍스트만 주면 고퀄리티의 동영상을 만들어주는 SORA 같은 모델도 같은 맥락에서 이해할 수 있어요. 이러한 모델은 대규모 언어 모델이라기 보다는 대규모 멀티모달 모델Large Multimodal Models, LMM이라고 불러요. LLM이 나온지 얼마되지 않은 것 같은데, 벌써 많은 성능 좋은 LMM모델들이 공개되고 있어요.

이러한 도구들이 우리 일상을 더욱 편리하고 창의적으로 만들어가고 있어요. 다양한 AI 도구들을 적극적으로 탐색하고 사용해보면 일상생활뿐만 아니라 비즈니스, 교육, 예술 분야에서도 많은 혜택을 볼 수 있을 거예요.

데이터 사용에 따른 제약이나 보안의 문제는 어떤 것들이 있나요

편 데이터 사용에 따른 제약이나 보안의 문제는 어떤 것들이 있나요?

김 데이터 사용과 관련해 여러 제약과 보안 문제가 있어요. 첫째로, 데이터 프라이버시와 관련된 문제가 크죠. 개인의 데이터는 그 개인의 프라이버시와 직결되어 있으므로, 이를 보호하기 위한 엄격한 규제와 법률이 필요해요. 예를 들어, 유럽연합의 일반 데이터 보호 규정GDPR은 개인 데이터의 수집, 저장, 처리 방식에 대한 엄격한 규칙을 제시해요. 둘째로, 데이터의 안전한 저장과 전송이 중요한 이슈예요. 데이터 유출이나 해킹은 큰 보안 문제를 야기할 수 있어서 데이터를 저장하고 전송할 때는 암호화와 같은 보안 기술을 적용해야 하거든요. 셋째로, 데이터의 품질과 정확성 문제도 있어요. 데이터가 잘못되었거나 오래된 경우, 이를 바탕으로 한 분석이나 의사결정은 잘못된 결과를 낼 수 있어요. 따라서 데이터의 정확성과 최신성을 유지하는 것도 중요해요. 넷째로, 데이터 관리와 관련한 법적 및 윤리적 고려사항이 있어요. 특히 데이터를 통한 차별 문제나 부정확한 데이터에 의한 피해 등에 대한 법적 책임과 윤리적 문제가 대두되고 있죠. 마지막으로, 마이데이터 MyData 사업과 같은 개인 데이터 주권을 강화하는 노력도 중요합니다. 이는 개인이 자신의 데이터를 관리하고 통제할 수 있는 권리를 강화함으로써 데이터의 악용을 방지하고 프라이버시를 보호하려는 시도예요.

편 우리나라가 데이터를 사용하는 데 엄격한 규제가 있는 편이라고 들었어요.

김 맞습니다. 우리나라는 데이터 보호와 프라이버시에 관한 엄격한 규제를 가지고 있어요. 사용자의 개인 정보 보호와 프라이버시를 매우 중시하기 때문에 데이터를 수집하고 활용하는 데 있어서 여러 제한이 있어요. 사용자의 입장에서 보면 긍정적인 측면이 커요. 개인 정보의 오남용과 유출 위험을 최소화하기 위한 조치이기 때문이죠. 하지만 이러한 엄격한 규제는 때때로 기술 발전과 혁신에 일정 부분 장애가 될 수 있어요. 예를 들어 AI 분야에서 대량의 데이터를 활용한 학습과 실험이 필요한데, 이러한 활동이 규제로 인해 제한받을 수 있어요.

반면에 미국과 중국 같은 국가들은 비교적 데이터에 대한 규제가 덜 엄격해요. 이들 국가에서는 대량의 데이터를 AI 연구와 개발에 사용할 수 있는 여건이 마련되어 있죠. 미국은 특히 혁신과 기술 발전을 장려하는 문화가 있으며, 실리콘 밸리와 같은 기술 허브에서는 수많은 데이터 기반 스타트업과 프로젝트가 활발히 진행되고 있어요. 중국에서는 정부가 데이터 수집과 활용을 적극적으로 지원하고 있으며, 이를 통해 AI 기술의 빠른 발전을 이루고 있고요. 그 결과 특히 인공 지능, 머신러닝, 빅데이터 분석 등의 분야에서 중국 기업들이 세계적인 경쟁력을 갖추게 하는 데 일조하고 있죠. 결론적으로 각 국가의 데이터 정책과 규제는 그 나라의 문화, 법률 체계, 기술 발전 정도에 따라 다르며, 이는 해당 국가의 AI 기술 발전에 직접적인 영향을 미치고 있어요.

이 직업을 잘 드러낸 드라마나 영화, 책이 있을까요

편 이 직업을 잘 드러낸 드라마나 영화, 책이 있을까요?

김 데이터로 문제를 해결하는 과정을 그린 〈머니볼〉이라는 영화가 있어요. 만년 꼴찌였던 야구팀이 데이터 분석을 통해 혁신하는 내용인데요. 실제로 미국의 야구팀에 있었던 이야기를 토대로 만든 영화예요. 영화에서는 데이터의 통계를 주로

IT 분야 베스트셀러에 올랐던 첫 저서 『퀀트 투자를 위한 인공지능 트레이딩』

다루고 있는데, 데이터 과학자가 하는 기본적인 일이 들어 있는 것 같아요. 그리고 〈소셜 네트워크〉라는 영화가 있어요. 소셜 네트워크 서비스 페이스북의 창립 과정에 관한 내용이에요. 두 영화 모두 직접적으로 데이터 과학자를 다루는 건 아닌데 그래도 살짝 연관된 부분이 있으니 참고할 수는 있을 거예요.

책은 많이 있어요. 캐시 오닐의 『대량살상수학무기Weapons of Math Destruction』는 빅데이터와 알고리즘이 사회에 미치는 부정적인 영향을 다루고 있어요. 데이터 과학과 알고리즘의 윤리적 측면을 탐구하며, 데이터 기반 의사결정의 위험성을 경고하고 있죠. 재클린 놀리스와 에밀리 로빈슨의 『데이터 과학자 되는 법 : 취업, 이직부터 탄탄한 커리어를 쌓는 방법까지』는 데이터 과학 분야로의 진입, 커리어 개발, 업계의 현실에 대한 실질적인 조언을 제공해요. 데이터 과학자가 되고자 하는 이들에게 실질적인 가이드를 제시하고 있어요. 또 세스 스티븐스-다비도위츠의 『데이터는 어떻게 인생의 무기가 되는가』라는 책은 데이터가 어떻게 현대 사회에서 중요한 의사결정 도구가 되었는지에 대해 설명해요. 데이터 분석을 통해 개인과 조직이 어떻게 더 나은 결정을 내릴 수 있는지를 다루고 있죠.

나도
데이터
과학자

데이터 과학이 궁금하고, 데이터 과학자가 되고 싶은 마음은 있는데, 데이터 과학의 세계에 어떻게 발을 들여놓아야 할 지 몰라서 망설이고 있나요? 아님 내가 할 수 있을지 자신이 없어 한 발 물러나 있나요? 그렇다면 망설이지 말고 저의 안내를 따라오세요. 데이터 과학의 초심자를 위해 실제 데이터 과학 프로젝트를 진행해 볼 수 있도록 준비했어요. 중학생, 고등학생은 물론, 도전을 두려워하지 않는 초등학생도 나이에 상관없이 누구나 참여할 수 있습니다!

데이터 과학자의 놀이터, 캐글 이해하기

캐글 Kaggle은 데이터 과학과 머신러닝의 세계에서 실력을 시험하고, 성장할 수 있는 최고의 온라인 플랫폼 중 하나예요. 전 세계의 데이터 과학자들이 모여 데이터 세트를 분석하고, 머신러닝 모델을 개발하여 서로 경쟁하는 이 곳은 초보자부터 전문가까지 모두에게 열려 있어요. 캐글은 실제로 데이터 과학자로서 필요한 경험을 쌓고, 실력을 키울 수 있는 다양한 기회를 제공합니다.

캐글은 2010년 앤서니 골드블룸 Anthony Goldbloom에 의해 설립되었어요. 그의 목표는 데이터 과학자들이 자신의 실력을 세계적으로 시험해 볼 수 있는 장을 마련하는 것이었고, 동시에 기업이나 기관들이 복잡한 데이터 문제를 해결할 수 있는 솔루션을 찾을 수 있도록 돕는 것이었죠. 캐글은 이 두 가지 목적을 성공적으로 달성하며, 데이터 과학 분야에서 중요한 커뮤니티로 자리잡았죠.

캐글에는 수많은 데이터 세트와 경진대회가 마련되어 있어, 개인의 관심사나 능력 수준에 맞는 프로젝트에 참여할 수 있어요. 이를 통해 참가자들은 데이터 과학의 기본기를 다지고, 실제 세계의 문제를 해결하는 능력을 키울 수 있죠. 또한 다른 참가자들과 아이디어를 공유하며, 그들의 코드를 분석함으로써 다양한 접근 방식과 기술을 배울 수 있답니다.

캐글은 데이터 과학자들에게 실제 데이터를 활용하여 문제 해결 능력을 키울 수 있는 기회를 제공함으로써, 이 분야의 교육과 발전에 크게 기여하고 있어요. 또한 기업과 기관들이 데이터 과학자들의 창의적인 솔루션을 통해 실질적인 문제를 해결할 수 있도록 돕고 있죠. 이 플랫폼은 데이터 과학 분야의 발전뿐만 아니라, 전 세계적으로 데이터 과학자 커뮤니티를 하나로 묶는 데에도 중요한 역할을 하고 있어요.

데이터 과학에 첫발을 디디는 초보자가 어떻게 캐글에서 활동할 수 있을까 걱정이 될 수도 있어요. 하지만 그런 걱정은 하지 않아도 돼요. 캐글의 경진대회는 다양한 주제와 난이도로 구성되어 있어요. 일부 대회에서는 상금이 걸려 있는데요, 상금은 수천 달러에서 수십만 달러에 이르기까지 다양해요. 처음이라면 난이도가 낮은 프로젝트에 참여해 프로젝트를 진행하는 방법을 배우며 자신의 가능성을 실험할 수 있어요. 만약 프로젝트를 진행하다가 막히거나 궁금한 점이 생기면, 언제든지 도움도 받을 수 있어요. 커뮤니티의 다른 멤버들이나 저희에게 질문하면 문제 해결 방법을 자세히 알려줍니다.

데이터 과학 실습을 시작하기 위해서는 기초적인 통계 지식이나 파이썬 등의 데이터 분석 기법에 대한 이해가 필요할 수 있어요. 하지만 걱정하지 마세요. 이 분야가 처음이라도 시작할 수 있도록 초심자를 위한 자료가 많이 준비되어 있거든요. 물론 대부분의 자료는 영어로 되어 있기 때문에 영어에 대한 기본적인 이해가 필요해요. 이는 전 세계의 데이터 과학자, 학생, 직장인들이 모이는 국제적인 커뮤니티의 특성상 어쩔 수 없는 부분이랍니다.

캐글이라는 플랫폼에 대한 이해가 좀 되었나요? 그럼 이제 제가 여러분이 캐글에 등록하고, 첫 번째 프로젝트를 시작하는 방법부터, 실제로 데이터 과학 프로젝트를 제출하는 과정까지 안내할 게요. "시작이 반이다"라는 말이 있듯이, 첫걸음을 떼는 것이 가장 중요해요. 이제 함께 캐글의 세계로 뛰어들어, 여러분도 데이터 과학자가 될 준비를 해보죠!

캐글 시작하기

캐글 사이트는 https://www.kaggle.com/ 입니다. 가입 없이
도 다른 사람들의 작업물을 볼 수는 있지만, 대회에 참여하기
위해서는 가입이 필수입니다. 첫 페이지에서 'Register(등록)'을
클릭해 가입을 진행해주세요!

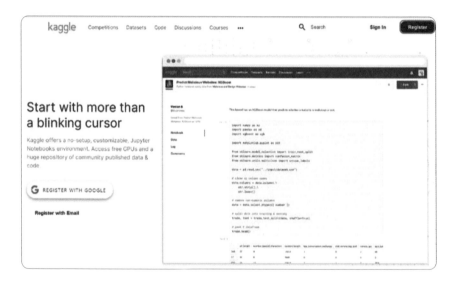

구글 계정으로 가입하려면 [Register with Google]을 클릭하고, 다른 이메일로 가입하려면 [Register with your email]을 클릭합니다. 여기서는 구글 계정으로 가입하겠습니다.

다음 창에서 영어로 이름을 입력합니다. 띄어쓰기도 가능합니다. 입력 후 하단의 [Next] 버튼을 클릭합니다.

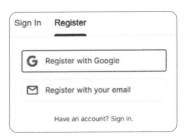

메일 인증을 마치면 캐글 가입이 완료됩니다.

캐글 탐색하기

매우 쉽죠? 이제 캐글에 대해 더 자세히 알아보겠습니다.

캐글 홈페이지에 접속하면, 왼쪽 메뉴를 통해 캐글이 제공하는 다양한 기능과 리소스에 쉽게 접근할 수 있어요. 여기서 소개할 주요 메뉴들을 통해, 캐글에서 할 수 있는 활동들을 살펴볼게요.

1. 경진 대회(Competitions)

경진 대회 섹션에서는 다양한 데이터 과학 대회들을 찾아볼 수 있습니다. 이 대회들은 기업이나 기관에서 실제로 직면한 문제를 바탕으로 구성되어 있어, 참가자들은 주어진 데이터를 분석하고 최적의 모델을 만들어 해결책을 제시합니다. 대회마다 상금이 걸려 있는 경우도 있으며, 랭킹에 따라 캐글 프로필에 메달이 수여되기도 합니다.

2. 데이터 세트(Data Sets)

데이터 세트 섹션에서는 수천 개의 다양한 주제와 분야에 걸친 데이터 세트를 탐색할 수 있어요. 개인 프로젝트나 학습 목적으로 사용할 수 있는 이 데이터 세트들은 캐글 커뮤니티 멤버들에 의해 공유되며, 누구나 다운로드하여 사용할 수 있습니다.

3. 모델(Models)

모델 섹션은 사용자들이 개발한 머신러닝 모델을 공유하고 탐색할 수 있는 공간이에요. 이곳에서는 다른 사용자들의 모델을 볼 수 있으며, 자신의 모델을 업로드하여 피드백을 받을 수도 있습니다.

4. 코드(Code)

코드 섹션에서는 데이터 분석이나 모델링에 사용된 코드를 공유하고, 다른 사용자들의 코드를 볼 수 있어요. 이는 특정 문제를 해결하기 위한 접근 방법을 배우거나, 자신의 코드를 향상시키는 데 도움이 됩니다.

5. 토론(Discussion)

토론 섹션은 사용자들이 데이터 과학 관련 질문을 하거나 대회, 데이터 세트, 기술 등에 대해 의견을 나눌 수 있는 커뮤니티 공간이에요. 여기서는 경험을 공유하고, 질문에 대한 답변을 받을 수 있으며, 데이터 과학에 대한 최신 트렌드와 정보를 얻을 수 있습니다.

6. 학습(Learn)

학습 섹션은 데이터 과학과 머신러닝을 배우고자 하는 사용자들을 위한 교육 자료와 코스를 제공해요. 초보자를 위한 입문 코스부터 고급 주제에 이르기까지, 다양한 레벨의 학습 자료가 준비되어 있어, 자기 주도적으로 학습할 수 있습니다.

가운데 보이는 랭크^{rank}에 주목해 보세요. 캐글의 랭킹과 메달 시스템은 사용자들의 활동과 기여도를 기반으로 한 매우 독특하고 흥미로운 인정 시스템이랍니다. 사용자들은 경진대회에서 상위 성과를 달성함으로써 금, 은, 동 메달을 획득할 수 있어요. 메달의 수와 종류는 해당 사용자의 경진대회 섹션에서 확인할 수 있으며, 높은 성과를 낸 대회일수록 더 높은 가치의 메달을 받게 됩니다. 또한 사용자가 공유한 코드(노트북)

와 데이터 세트가 다른 사용자들로부터 좋은 평가를 받고, 많이 사용될수록 높은 점수를 얻어 메달로 이어져요. 이는 커뮤니티 내에서의 기여도와 전문성을 나타내는 중요한 지표가 됩니다. 캐글의 랭킹 시스템은 사용자의 전체적인 활동 성과를 반영해요. 경진대회, 데이터 세트 공유, 코드 제공 등 다양한 분야에서의 성과가 종합적으로 계산되어 순위가 매겨지는 거예요. 순위는 매일 업데이트되어 사용자의 프로필에 표시되지요.

캐글에서는 사용자의 활동과 기여도에 따라 다양한 타이틀을 부여해요. 예를 들어 "노트북 그랜드마스터"는 유의미한 코드를 많이 공유하고, 커뮤니티로부터 높은 인정을 받은 사용자에게 주어지는 타이틀이에요. 이러한 타이틀과 랭킹은 사용자의 데이터 과학 분야에서의 전문성과 실력을 외부에 인증하는 역할을 하며, 경력 개발이나 포트폴리오 구축에 큰 도움이 됩니다. 캐글의 이러한 메달과 랭킹 시스템은 사용자들에게 동기를 부여하고, 지속적으로 학습하고 성장하며, 커뮤니티에 기여할 것을 장려하죠. 또한 이 시스템은 데이터 과학자로서의 여정에서 자신의 위치를 파악하고, 다음 목표를 설정하는 데 유용한 기준을 제공해요.

저는 현재 캐글에서 노트북 그랜드마스터 타이틀을 가지고 활동 중이며, 세계 랭킹 17위에 올라 있어요. 이런 순위와 메달 시스템은 캐글 커뮤니티에서의 경쟁을 더욱 재미있고 동기 부여가 되게 만들죠. 참여한 경진대회에서 좋은 성과를 내거나, 유용한 데이터 세트와 코드를 공유함으로써 높은 순위에 오를 수 있으며, 이는 전 세계 데이터 과학자들 사이에서의 인정은 물론, 개인의 전문성과 기술을 증명하는 중요한 지표가 됩니다. 이렇게 캐글의 랭킹 시스템은 사용자들로 하여금 자신의 실력을 지속적으로 발전시키고, 커뮤니티 내에서 활발히 기여하도록 동기를 부여하는데요. 이런 인정 시스템은 데이터 과학 분야에서 본인의 경력을 구축해 나가는 데 있어 매우 중요한 역할을 하죠. 얼마 전에는 한국인 대학생이 캐글 경진대회에서 금메달을 획득하여 신문에도 보도된 적이 있어요. 이 사례에서 볼 수 있듯이 캐글에서의 경쟁은 매우 치열하지만, 한번 금메달을 따내거나 높은 순위에 오르게 되면 그것이 바로 세계적인 인정을 받는 것을 의미해요. 그만큼 캐글에서의 성과는 단순한 자기 만족을 넘어, 데이터 과학 분야에서의 전문성과 능력을 대외적으로 인증받을 수 있는 기회가 됩니다. 여러분도 캐글의 도전을 통해 자신의 가능성을 넓히고, 세계적인 무대에서 자신의 이름을 알릴 수 있는 기회를 잡으세요!

캐글 경진대회 참여하기

그럼 이제 캐글의 경진 대회에 참여해 볼까요? 청소년 여러분이 시작하기에 가장 적합한 문제로 제가 꼽은 것은 '타이타닉 생존자 예측' 문제입니다. 타이타닉은 20세기 초에 일어난 대형 해난 사건이자, 이를 배경으로 한 동명의 영화로도 유명하죠. 이 영화는 1997년에 개봉하여 전 세계적으로 큰 사랑을 받았죠. 하지만 요즘 세대에게는 다소 낯설 수 있는 이야기일 수도 있어요.

이 경진 대회의 목적은 실제 타이타닉 호에 탑승했던 승객들의 데이터를 분석하여, 누가 생존하고 누가 사망했는지를 예측하는 것입니다. 제공되는 데이터에는 승객의 이름, 성별, 나이, 티켓 클래스 등 다양한 정보가 포함되어 있어요. 이미 생존 여부는 역사적으로 결정된 사실이지만, 우리는 훈련 데이터 세트를 이용해 모델을 학습시킨 뒤, 테스트 데이터 세트에 대한 생존 여부를 예측할 겁니다. 데이터 세트가 100개라면, 예를 들어 70개의 데이터로 모델을 학습시키고, 나머지 30개의 데이터로 모델의 예측 성능을 테스트하는 방식이죠. 이런 유형의 문제를 '지도 학습'이라고 합니다.

처음 듣는 용어와 개념이 많아 다소 어렵게 느껴질 수 있어요. 하지만 걱정하지 마세요. 타이타닉 생존자 예측 문제는 데이터 과학을 처음 시작하는 사람들에게 매우 인기 있는 문제로, 이 주제에 관한 다양한 책과 온라인 자료가 많이 있어요. 실제로 많은 초보자들이 이 문제를 통해 데이터 과학의 기초를 배우고 있습니다. 따라서 관심이 있다면 이 문제를 시작점으로 삼아 데이터 과학과 머신러닝의 세계로 첫발을 내딛는 것이 어렵지 않을 거예요. 여기서 중요한 것은 시작하는 것 자체에 의미를 두는 것입니다. 함께 첫걸음을 내딛어 보아요!

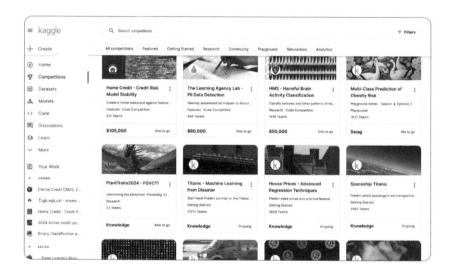

경진대회competitions을 클릭하면 위와 같은 화면이 나올 거예요. 여기서 'Tatanic – Machine Learning from Disaster'를 클릭하세요. 그리고 페이지가 뜨면 '경진대회 참가join competition'을 클릭해주세요.

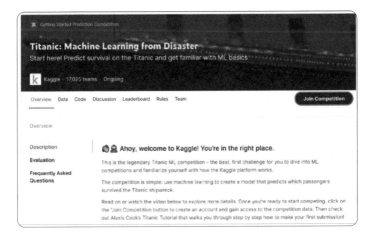

그러면 경진대회 규칙을 설명하는 글이 뜰 거예요.

규칙을 숙지한 후에 'I understand and Accept' 버튼을 클릭하면, 그 순간부터 여러분은 경진대회에 공식적으로 참여하게 되며, 본격적으로 데이터 과학의 세계로 발을 들여놓게 되었어요.

다음 단계로 캐글의 왼쪽 메뉴에서 'Code' 옵션을 클릭한 후 나타나는 화면에서 '+ new notebook' 버튼을 클릭해 본인만의 노트북을 생성해보세요. 캐글에서 '노트북'이란, 코드를 작성하고 데이터 분석을 수행할 수 있는 인터랙티브한 작업 환경을 말합니다. 이 노트북은 파이썬이나 R 같은 프로그래밍 언어로 데이터 과학 프로젝트를 진행할 때 데이터 과학자들에게 매우 중요한 도구입니다.

노트북 환경에서는 데이터를 불러오고, 데이터를 처리하고 분석하기 위한 코드를 작성할 수 있습니다. 또한 데이터 시각화를 통해 인사이트를 도출하고 결과를 표현하는 것도 가능해요. 캐글의 노트북은 클라우드 기반으로 작동하기 때문에 별도의 소프트웨어 설치 없이 웹 브라우저 상에서 모든 작업을 완료할 수 있습니다. 이는 언제 어디서나 데이터 과학 프로젝트에 접근할 수 있다는 것을 의미하죠.

이 노트북을 사용하여 데이터를 탐색하고, 모델을 구축하며, 예측을 수행하는 과정을 거치게 됩니다. 이 과정에서 여러

분은 데이터 과학의 기본적인 접근 방법뿐만 아니라, 실제 문제 해결을 위한 다양한 기술과 전략을 배우게 될 거예요. 캐글의 노트북은 초보자부터 전문가까지 모든 수준의 사용자들이 데이터 과학 프로젝트를 효율적으로 진행할 수 있도록 설계되어 있으니, 망설이지 말고 도전해 보세요!

이제 아래와 같은 화면이 펼쳐졌다면 여러분은 성공적으로 노트북 환경으로 들어온 거예요.

여기서 '+code'를 눌러 코드를 작성할 수 있어요.

코드 환경을 처음 시작하면 일반적으로 캐글에서 제공하는 기본적인 코드 스니펫이 포함되어 있어서 해당 데이터 세트의 파일 경로를 확인할 수 있어요. 이는 여러분이 작업할 데이터가 실제로 어디에 위치해 있는지를 보여주는 중요한 정보입니다. 예를 들어 'kaggle/input/titanic/train.csv'는 타이타닉 경진대회의 훈련 데이터 세트가 저장된 경로를 나타냅니다. 이 경로를 통해 실제 데이터에 접근하고, 분석과 모델링 작업을 시작할 수 있어요.

```
# This Python 3 environment comes with many helpful analytics libraries installed
# It is defined by the kaggle/python Docker image: https://github.com/kaggle/docker-python
# For example, here's several helpful packages to load

import numpy as np # linear algebra
import pandas as pd # data processing, CSV file I/O (e.g. pd.read_csv)

# Input data files are available in the read-only "../input/" directory
# For example, running this (by clicking run or pressing Shift+Enter) will list all files under the input directory

import os
for dirname, _, filenames in os.walk('/kaggle/input'):
    for filename in filenames:
        print(os.path.join(dirname, filename))

# You can write up to 20GB to the current directory (/kaggle/working/) that gets preserved as output when you create a version using "Save & Ru
# You can also write temporary files to /kaggle/temp/, but they won't be saved outside of the current session
```

데이터를 불러오는 과정에서는 파이썬의 'pandas'라는 라이브러리가 매우 유용하게 사용됩니다. '라이브러리'란 특정 목적을 위해 미리 작성된 코드의 집합을 말하며, 데이터 과학 분야에서는 데이터를 쉽게 다루고 분석할 수 있도록 도와주는 다양한 기능을 제공합니다. Pandas는 파이썬에서 데이터 분석을 위해 가장 널리 사용되는 라이브러리 중 하나로, 복잡한 데이터 조작과 분석을 단순화하는 강력한 도구입니다.

다음은 pandas를 사용하여 타이타닉 훈련 데이터를 불러오는 예시 코드입니다

이 코드를 실행하면, 'train.csv' 파일로부터 데이터를 읽어와서 DataFrame 형태로 반환합니다. head() 함수를 사용하면, 불러온 데이터의 상위 몇 줄을 테이블 형태로 확인할 수 있어요.

이렇게 pandas를 통해 불러온 데이터는 열column과 행row으로 구성된 테이블 형태를 띠고 있으며, 데이터 과학자들은 이러한 형태의 데이터를 매일같이 다루게 됩니다.

이 과정을 통해 여러분은 실제 데이터를 불러오고, 이를 분석하기 위한 첫 단계를 경험하게 될 거예요. 데이터 과학 프로젝트의 많은 부분이 바로 이러한 데이터의 탐색과 처리에서 시작되니, 이 기초적인 단계를 잘 이해하는 것이 중요하죠.

이제 여러분이 가진 데이터를 활용하여 다양한 작업을 진행할 차례입니다. 우리의 목표는 타이타닉 호의 생존자를 예측하는 거예요. 이를 위해 우리는 다양한 변수들, 예를 들어 승객의 나이, 성별, 탑승 클래스 등이 생존 여부에 어떤 영향을 미쳤는지를 탐색할 것입니다. 이 과정에서 진행하는 데이터의 탐색적 분석을 EDA^Exploratory Data Analysis, 탐색적 데이터 분석라고 합니다. EDA를 통해 우리는 데이터 내 숨겨진 패턴과 인사이트를 발견하고, 이를 바탕으로 예측 모델링을 준비할 수 있습니다.

하지만 모든 것을 한 번에 다루기에는 범위가 넓으니, 우선은 데이터 과학과 머신러닝의 기초부터 시작하는 것이 좋겠어요. 기초적인 내용을 알아보고자 한다면, 〈Must Have 머신러닝·딥러닝 문제해결 전략〉을 참조해 보세요. 또한, 머신러닝을 보다 쉽게 접근하고 싶다면, 〈그림으로 배우는 StatQuest 머신러닝 강의〉 같은 자료도 많은 도움이 될 것입니다. 만약 컴퓨터 공학 전반에 관심이 있는 중고등학생이라면 『Everything You Need to Ace Computer Science and Coding in One Big Fat Notebook』 서적도 추천해요. 미국 중고등학생들의 컴퓨터 과학 과목 보조 교재인데 구성이 쉽게 되어있어요.

혹은 '타이타닉 경진대회'라는 키워드를 구글google에서 검색하면 아주 많은 자료들이 있으니, 이 자료들을 토대로 여러분의 모델을 만들어보길 바래요.

중요한 것은 첫발을 내딛는 용기입니다. 이제 여러분은 캐글에서 자신만의 작업 공간을 갖추고, 경진대회에서 제공하는 데이터를 직접 눈으로 확인할 수 있는 단계에 이르렀어요. EDA를 시작으로 모델링까지, 이 모든 과정은 처음에는 다소 어려울 수 있지만, 시작하는 것 자체가 중요한 첫걸음이 될 거예요. 여러분이 데이터 과학과 머신러닝의 세계로 용감하게 발을 내딛기를 바랍니다. 시작이 반이라는 말처럼, 이제 여러분도 자신만의 데이터 과학 여정을 시작할 준비가 되었습니다.

DATA
SCIENTIST

데이터 과학자
김태헌의
스토리

편 어린 시절엔 어떤 아이였나요?

김 야구 경기 보는 걸 좋아했고, 수학을 엄청 잘하지는 않았는데 숫자 기록을 좋아했어요. 야구에는 기록이 남잖아요. 그런 게 좋았던 것 같아요. 직접 제가 하는 것보다는 뭔가를 보고 계산하는 게 재미있었어요. 그리고 수집하는 것도 좋아했어요. 포켓몬 스티커 모으는 취미가 있었죠. 얼마 전에도 다시 유행이 왔던데, 제가 어렸을 때 좋아했던 걸 요즘 어린이들도 좋아하는 것을 보고 좀 신기했어요. 또 아이들이랑 축구도 하며 놀았죠. 특별한 건 없었고 그냥 평범한 아이였던 것으로 기억해요.

편 컴퓨터나 데이터와 관련한 관심은 언제부터 있었나요?

김 저도 다른 사람들이랑 마찬가지로 게임을 하면서 컴퓨터랑 가까워졌어요. 제가 어렸을 때만 해도 컴퓨터가 있는 집이 많지는 않았어요. 제가 사달라고 한 건 아니고요. 저희 외삼촌이 컴퓨터와 관련된 사업을 하셨는데 아마 팔아주시려고 했던 것 같아요. 모니터가 꽤 큰 컴퓨터였는데, 그 안에 도스 게임이나 오락실에 있는 게임들이 거의 다 들어있었어요. 그래서 좀 어린 나이에 게임으로 컴퓨터와 친해지게 되었죠. 이후에는 스타 크래프트 같은 게임을 했고요.

학사 시절을 보냈던 베이징 대학교 도서관

📩 중고등학교 시절은 어떻게 보내셨어요?

📩 중학교 때 부모님을 따라 중국에 가게 되었어요. 부모님이 베이징에서 사업을 하셨거든요. 거기서 중고등학교, 대학교까지 마쳤어요. 대학 때 전공은 정치 경제 쪽이어서 졸업할 때까지만 해도 제가 이런 직업을 가지게 될 거라고는 상상하지 못했어요.

📩 대학을 졸업하고 어떤 계기로 이 분야를 알게 된 건가요?

📩 2013년도에 미국에 있는 대학원에 진학했어요. 그때 미국에서는 빅데이터를 굉장히 중요하게 생각하고 있었죠. 저는

계량경제를 전공했는데, 통계를 이용해서 경제를 분석하는 거였죠. 거기서 처음 프로그래밍을 접했어요. 통계학과 수학을 공부하면서 통계 프로그램을 다루는데 그게 재미있더라고요. 교수님들도 당시에 데이터 분석을 중요하게 여기니까 자연스럽게 관심도 갔고요. 그리고 대학원에 다니면서 데이터 관련 업체에서 인턴을 했어요. 친구들도 페이스북이나 데이터 분석 쪽에서 인턴을 했는데, 이야기를 들어보니 재미있을 것 같았어요. 당시에는 인공지능 전문가가 되겠다는 생각은 없었고 그냥 데이터를 분석해서 결과물을 만들고 리포트를 하는 것

석사 시절을 보냈던 University of California, San Diego 캠퍼스의 가이젤 도서관

자체가 재미있었어요. 막연하게 데이터를 잘 다루고 분석하는 일을 하고 싶다고만 생각했죠.

편 그런데 어떤 계기로 데이터 과학 분야로 들어서게 되었나요?

김 저는 대학원 다니면서 결혼하고 아이를 낳았어요. 아이를 낳기 전에는 박사과정에 진학하려고 마음 먹고 있었는데 아이가 생기니까 돈을 벌어야겠다는 생각이 들더라고요. 그래서 돈을 좀 많이 준다는 컨설팅 회사에 들어가서 의료 쪽 데이터를 분석하는 일을 했어요. 대학원을 졸업하고 미국에서 취업을 했는데 중국 베이징으로 파견을 보냈어요. 당시에 부모님이 베이징에 계셨는데 부모님 가까이에 살면서 2년 정도 일을 했죠. 그 다음에는 한국에 근거를 둔 스타트업 회사에 데이터 분석가로 입사했어요. 그 회사는 중국으로 진출하기 위해 중국 상하이 사무실을 관리하면서 데이터를 분석하는 사람을 찾고 있었어요. 그래서 상하이로 건너가서 2년 넘게 일했죠.

그런데 스타트업 회사가 잘 안 됐어요. 일은 재미있었는데 저도 전문성을 쌓고 싶다는 생각이 들어서 퇴사 고민을 하고 있을 때 회사도 많이 어려워졌어요. 제가 총괄하는 사무실에서 일하는 중국인 직원들이 있었는데 몇 명과 꽤 친하게 지냈어요. 제 생각에는 미리 이야기를 해줘야 할 것 같아서 월급이 밀릴지도 모르겠다고 말했어요. 그 사람들한테는 제가 대표 역할이니까 그래야 할 것 같았어요. 그런데 그 순간 바로 노동 부에 신고하더라고요. 좀 충격을 받았죠. 한국에 있는 회사에 서는 월급이 한두 달 밀릴 수 있지만 안 주는 건 아니라고 말 하는데, 혹시라도 그게 거짓말이 될 수도 있잖아요. 제가 대표 라면 책임감 있게 뭐라도 해야 할 것 같은데 저도 고용된 사람 이라 아무 것도 할 수 없었죠. 그때 좀 많이 힘들었고, 그 경험 으로 사업은 하지 말아야겠다는 생각을 했어요.

사실 아버지도 사업을 하는 분이라 옆에서 보면서 어려운

상하이 스타트업에서 근무할 때 사진, 공유 오피스인 Wework에서 일하는 모습

점이 있다는 건 알고 있었어요. 그런데 제가 책임지고 있는 사무실에서 그런 일이 일어나니까 사업은 하지 말아야겠다는 생각을 하게 되었죠. 어떻게 보면 제 돈 투자 안 하고 젊었을 때 좋은 경험을 한 것 같아요. 아니었으면 나중에 언젠가는 '내 걸 해야지!'하고 나왔을 것 같긴 한데, 지금은 많이 조심스러워요.

편 스터트업 회사에서 여러 가지 경험을 하셨군요. 그 경험이 이 일을 하는데 어떤 영향을 끼쳤나요?

김 어린 나이에 매니저로 15명 정도의 직원을 관리하면서 제가 부족한 게 많다고 느꼈어요. 특히 일에 전문성이 부족하다는 생각을 많이 했죠. 만약에 제가 데이터 분석이나 혹은 데이터 과학 분야에서 10년 정도 경력을 쌓은 전문가였다면 어쨌든 한 분야에서 전문성을 가지고 회사의 관리를 했을 텐데, 경험이 부족한 상태에서 관리를 했으니까요. 그래서 전문성을 키우고 싶어서 다음 회사는 연구소를 선택했어요.

편 어디로 이직하신 건가요?

김 그때 중국에서 한국으로 들어왔는데요. 한국의 하나금융 안에 하나금융융합기술원이라는 연구소로 이직했어요. 당시에 막 하나금융에서 AI 조직을 만들었어요. 스타트업 회사에서는 데이터가 많지 않아서 깊이 있게 할 수 있는 일이 별로 없었어요. 그래서 AI 쪽으로 뭔가 깊게 공부해보겠다는 생각이 있었는데 마침 연구소에 자리가 나서 연구도 하고 공부도 많이 할 수 있는 기회를 얻었죠.

편 그 후에 지금 일하고 있는 회사로 이직하신 거죠?

김 현재 직장은 제가 예전부터 미소 금융micro finance에 관심이 많았는데, 그와 관련된 BNPLBuy Now Pay Later 상품을 운영하는 팀에서 데이터 과학자를 찾고 있었어요. 매니저를 비롯해 대부분의 팀원이 외국분들이라 저와 핏이 잘 맞았던 것 같아요. 지

메타버스 공간에서 진행했던 회사 입사 오리엔테이션

금은 중국어, 영어, 한국어 모두 골고루 사용하며 글로벌한 환경에서 전문성을 가지고 즐겁게 일하고 있습니다.

편 이 일은 자녀에게도 권할만한 일이라고 생각하세요?

김 당연하죠. 지금도 그렇지만 미래는 이 일을 하는 사람이 더 자유로워질 거예요. 그러니까 '디지털 노마드'가 가능할 것 같아요. 이 단어는 '디지털digital'과 '유목민nomad'이라는 단어가 합쳐진 말로 디지털 유목민이라고도 하죠. 한마디로 디지털 기기를 들고 다니며 시공간의 제약이 없이 자유롭게 사는 사람들을 말해요. 개인의 역량을 키우면 AI 제품을 개발하는 것도 가능하고, 혼자서 하나의 프로젝트를 통해 뭔가를 만들어 내는 일도 가능하죠. 혼자서 할 수 없으면 또 다른 방법도 많아요. 요즘엔 플랫폼을 통해 원하는 것을 매칭하는 게 쉬워요. 만약에 내가 제품을 개발했는데 디자인 부분이 약하다면 디자이너를 구해서 함께 하면서 시너지를 낼 수 있어요. 이렇게 지금도 디지털 노마드가 될 환경이 만들어져 있다고 봐요.

그리고 미래는 결국 AI라는 특정 도구가 굉장히 많이 쓰이는 사회가 될 텐데 이쪽을 공부하다 보면 AI에 대한 이해도도 높아지고, 이것을 활용할 수 있는 능력이 남들보다 높으면 더 많은 것들을 생산해 낼 수도 있어요. 새로운 것을 창조할 수도 있죠. 몇 년 전만 해도 AI가 창조적인 것은 못할 거라고 했는데 지금은 음악도 작곡하고 그림도 그려요. 이렇게 새로운 변화와 함께 하다 보면 나만의 무엇을 만들어내는 순간이 올 것 같아요. 데이터 과학을 기본으로 해서 추가적으로 다른 전문분야에서 할 수 있는 일도 많고요.

편 이 일을 하면서 그만두고 싶다는 생각을 한 적 있으세요?

김 그만두고 싶다는 생각은 해본 적이 없어요. 대신에 학습을 끊임없이 해야 하는 이 직업의 특성상 언젠가 뒤처질 수 있다는 생각은 해 본 적은 있죠. 학습을 멈추면 뒤처지는 건 당연하니까 그게 약간 걱정이 되기는 해요. 하지만 지금 걱정할 건 아닌 것 같아요. 저는 회사에서 관리자가 되고 싶지는 않고 인디비주얼 컨트리뷰터로 계속 남아서 뭔가를 할 수 있을 것 같아요.

편 앞으로 더 해보고 싶은 일이 있나요?

김 저는 지금까지 여러 가지 일을 했어요. 스타트업도 해봤고, 금융 쪽에서도 일했고, 소비재도 다뤄봤고, 지금은 핀테크 일을 하고 있는데요. 나중에는 에너지 분야나 제조, 의료 쪽으로도 경험을 쌓고 싶어요. 사실 이 분야는 아직 성장하고 발전하고 있어서 앞으로 어떻게 변화할 것인가에 대한 의견은 여러 가지예요. 도메인이면 도메인, 제조면 제조, 의료면 의료 한 분야에서 오래 경력을 쌓아야 나중에 할 수 있는 것이 많아질 것 같다고 하시는 분들도 있어요. 한 분야에만 오래 있으면 굳어지고 변화를 두려워할 수도 있다고 하시는 분들도 있고요. 어쨌든 끊임없는 혁신을 요구하는 분야이기 때문에 지금은 어떤 길이 더 좋다고 할 수는 없어서 고민은 하고 있어요. 그렇지만 분명한 것은 제가 가진 전문적인 지식과 기술로 다른 분야의 전문가와 함께 일을 도모할 수 있다는 거예요. 서로 부족한 부분을 채우면서 시너지를 내면 하지 못할 것이 없겠죠. 아

『AI 소사이어티』 저자 강연

직은 일할 수 있는 시간이 많기 때문에 새로운 분야에서 경험을 쌓고 다른 일도 해보고 싶은 마음은 있어요.

편 이 책을 읽는 청소년에게 하고 싶은 이야기가 있다면 해주세요.

김 일단은 다양한 경험을 해 보라고 권하고 싶어요. 그리고 다가올 미래를 적극적으로 준비하라고 말해주고 싶어요. 청소년들이 성인이 되었을 때는 우리가 생각하는 것보다 훨씬 빠르게 AI가 중요해지는 사회가 될 거예요. 지금 우리가 전기를 사용할 때 어떤 것도 의식하지 않고 필수적으로 사용하듯이 다음 사회는 AI를 그런 도구로 사용하게 될 것 같아요. 그러니까 AI를 두려워하지 말고 순전히 도구로 생각하면 좋을 것 같아요. 좋은 도구를 어떻게 잘 사용할까 그런 생각을 하는 거죠. 불과 얼마 전의 과거를 한 번 생각해 보세요. 휴대폰이 나왔을 때 작은 휴대 전화기가 컴퓨터의 역할을 할 거라고 아무도 생각하지 못했지만 순식간에 그런 일이 생겼어요. 또 유튜브가 막 나왔을 때도 마찬가지죠. 이 플랫폼으로 나만의 방송을 하는 시대가 금방 찾아왔잖아요. 지금은 AI라는 툴을 활용해서 할 수 있는 일이 정말 많아요. 만약에 웹툰작가가 되고 싶은 청소년이 있는데 그림은 잘 못 그려요. 멋진 스토리가 머릿속에 많은데 자신의 실력으로는 생각하는 대로 그림이 안 나와요. 그러면 AI를 활용해 스토리에 맞는 그림을 그릴 수 있어요. 이 도구를 잘 이해하고 어떻게 발전해 왔나를 알고 있으면 그걸 활용해서 충분히 도전해 볼 수 있죠. 지금은 완벽하게 사람이 의도하는 대로 AI가 그림을 그리지는 못하지만 이 속도대로라면 고등학생들이 사회에 나왔을 때는 수준 높은 그림을 그릴 수 있을 정도가 될 거예요. 이렇게 AI라는 도구를 자기가 원하는 일을 성취할 수 있도록 생산적으로 사용할 준비를 하면 좋을 것 같아요.

편 끊임없이 진화하고 빠르게 혁신하는 데이터 과학의 분야에 대한 폭넓은 이야기 잘 들었습니다. 이제 데이터 과학의 분야를 떼어놓고 우리의 미래를 상상할 수는 없을 것 같아요. 앞으로 이 분야가 어떻게 발전할지 기대하면서 'AI의 혁신을 이끄는 데이터 과학자' 편을 마치겠습니다.

청소년들의 진로와 직업 탐색을 위한
잡프러포즈 시리즈 70

AI의 혁신을 이끄는
데이터 과학자

2024년 3월 20일 초판1쇄

지은이 | 김태헌
펴낸이 | 유윤선
펴낸곳 | 토크쇼

편집인 | 박성은
표지디자인 | 이든디자인
본문디자인 | 문지현
마케팅 | 김민영
기획 | eBrain

출판등록 | 2016년 7월 21일 제2019-000113호
주소 | 서울시 마포구 월드컵북로98, 2층 202호
전화 | 070-4200-0327
팩스 | 070-7966-9327
전자우편 | myys327@gmail.com
ISBN | 979-11-92842-76-9 (43190)
정가 | 15,000원